经理人下午茶系列 19

商业写作

——怎样言之有物,产生实效

《哈佛管理前沿》 编辑组 编
《哈佛管理通讯》

梁卿 夏金彪 译

商务印书馆
2010年·北京

Written Communications That Inform and Influence

Original work copyright © Harvard Business School Publishing Corporation.

Published by arrangement with Harvard Business School Press.

图书在版编目(CIP)数据

商业写作:怎样言之有物,产生实效/《哈佛管理前沿》《哈佛管理通讯》编辑组编;梁卿,夏金彪译.—北京:商务印书馆,2010
(经理人下午茶系列)
ISBN 978-7-100-05848-3

I.商… II.①哈…②哈…③梁…④夏… III.商业—文书—写作 IV.H152.3

中国版本图书馆 CIP 数据核字(2008)第 062319 号

所有权利保留。
未经许可,不得以任何方式使用。

商 业 写 作
——怎样言之有物,产生实效

《哈佛管理前沿》《哈佛管理通讯》编辑组 编著
梁卿 夏金彪 译

商 务 印 书 馆 出 版
(北京王府井大街36号 邮政编码 100710)
商 务 印 书 馆 发 行
北京瑞古冠中印刷厂印刷
ISBN 978-7-100-05848-3

2010年5月第1版　　开本 650×1000　1/16
2010年5月北京第1次印刷　印张 13¼

定价:29.00元

商务印书馆—哈佛商学院出版公司经管图书翻译出版咨询委员会

（以姓氏笔画为序）

方晓光　盖洛普（中国）咨询有限公司副董事长
王建铆　中欧国际工商学院案例研究中心主任
卢昌崇　东北财经大学工商管理学院院长
刘持金　泛太平洋管理研究中心董事长
李维安　南开大学商学院院长
陈国青　清华大学经管学院常务副院长
陈欣章　哈佛商学院出版公司国际部总经理
陈　儒　中银国际基金管理公司执行总裁（CEO）
赵曙明　南京大学商学院院长
涂　平　北京大学光华管理学院副院长
徐二明　中国人民大学商学院院长
徐子健　对外经济贸易大学副校长
David Geohring　哈佛商学院出版社社长

致中国读者

哈佛商学院经管图书简体中文版的出版使我十分高兴。2003年冬天,中国出版界朋友的到访,给我留下十分深刻的印象。当时,我们谈了许多,我向他们全面介绍了哈佛商学院和哈佛商学院出版公司,也安排他们去了我们的课堂。从与他们的交谈中,我了解到中国出版集团旗下的商务印书馆,是一个历史悠久、使命感很强的出版机构。后来,我从我的母亲那里了解到更多的情况。她告诉我,商务印书馆很有名,她在中学、大学里念过的书,大多都是由商务印书馆出版的。联想到与中国出版界朋友们的交流,我对商务印书馆产生了由衷的敬意,并为后来我们达成合作协议、成为战略合作伙伴而深感自豪。

哈佛商学院是一所具有高度使命感的商学院,以培养杰出商界领袖为宗旨。作为哈佛商学院的四大部门之一,哈佛商学院出版公司延续着哈佛商学院的使命,致力于改善管理实践。迄今,我们已出版了大量具有突破性管理理念的图书,我们的许多作者都是世界著名的职业经理人和学者,这些图书在美国乃至全球都已产生了重大影响。我相信这些优秀的管理图书,通过商务印书馆的翻译出版,也会服务于中国的职业经理人和中国的管理实践。

20多年前,我结束了学生生涯,离开哈佛商学院的校园走向社会。哈佛商学院的出版物给了我很多知识和力量，对我的职业生涯产生过许多重要影响。我希望中国的读者也喜欢这些图书，并将从中获取的知识运用于自己的职业发展和管理实践。过去哈佛商学院的出版物曾给了我许多帮助，今天，作为哈佛商学院出版公司的首席执行官，我有一种更强烈的使命感，即出版更多更好的读物，以服务于包括中国读者在内的职业经理人。

在这么短的时间内，翻译出版这一系列图书，不是一件容易的事情。我对所有参与这项翻译出版工作的商务印书馆的工作人员，以及我们的译者，表示诚挚的谢意。没有他们的努力，这一切都是不可能的。

哈佛商学院出版公司总裁兼首席执行官

万 季 美

目录

引　言 … 001

第一部分　撰写具有说服力的计划书 … 017

1. 首先不要写成提纲　　　　　　约翰·克莱顿 … 018
2. 让你的计划书独占鳌头　　　　尼克·雷登 … 028
3. 克服单调乏味的毛病　　　　　贝弗利·巴拉罗
   克里斯蒂娜·比拉丝卡-杜弗奈 … 040
4. 何时无视读者的存在　　　　　约翰·克莱顿 … 052

第二部分　醒目的结构 … 063

1. 让人过目难忘的提案　　贾尼斯·奥布楚斯基 … 064
2. 赶时间写好稿　　　　　　　　尼克·摩根 … 072
3. 写最周全的备忘录　　　　　　霍利·威克斯 … 082

第三部分　确定适当的语气和文体 … 091

1. 为商业写作选择适当的语气　理查德·比尔克 … 092
2. 交流以助改革的推行　　　　斯蒂弗·罗宾斯 … 100

3. 韵律和理由——诗歌对商业写作的借鉴意义

　　　　　　　　　　　　　　　　苏珊·G.帕克　11

4. 艾恩·兰德论写作　　　　　　　西奥多·金尼　12

5. 一种文体不能普遍适用　　　　约翰·克莱顿　12

第四部分　应对特殊的写作挑战　　　　　　　　13

1. 不要点击"发送"键　　　　　　　尼克·摩根　13
2. 怎样教技术人员写文章　　　　约翰·克莱顿　15
3. 实事求是地撰写管理总结　　　约翰·克莱顿　16
4. 快速删节文章五法　　　　　　约翰·克莱顿　16

第五部分　避免语法错误　　　　　　　　　　　17

1. 用词不当和其他错误——经理人初级读本

　　　　　　　　　　　　　　克里斯腾·B.多纳休　18

2. 怎样在不懂语法规则的情况下写出正确的句子

　　　　　　　　　　　　　　　　约翰·克莱顿　18

3. 拘泥于语法规则是否妨碍了信息的传递

　　　　　　　　　克里斯蒂娜·比拉丝卡-杜弗奈　19

作者简介　　　　　　　　　　　　　　　　　　　20

引　言

　　作为经理人,经常需要与人进行书面沟通,内容涉及广泛,从倡议计划书、对某个重要商业问题提出建议的电子邮件,到向老板及时通告重大事务的管理总结、关于产品性能或者商业举措步骤的技术性描述等不一而足。

　　不管要撰写的书面文件是哪一种,在着手完成这项任务时,都要作出无数具有挑战性的决断:材料中的信息该如何组织?应该采用何种文体和语气?这篇文字的详略程度如何掌握?怎么才能保证最后的定稿没有语法、拼写和标点符号方面的错误?

　　要回答这些问题可不容易。毕竟,关于怎样安排一份计划书或者一封电子邮件的内容,方式方法似乎用之不尽。况且,书面的商业交流在语气和文体方面五花八门,从随意的、聊天式的到正式的、权威型等各有不同。关于语法和拼写规则的说教随处可见。比如,把不定式拆开,或者把介词放在句子末尾,这是否是不正确的呢?如果是不正确的,为什么越来越多的商业文件都在这么写?由于众多的书面文件在结构、文体和对语法规则的恪守程度方面存在极大差异,怎么才能知道你的文章用哪一种合适呢？

尽管面临上述种种挑战，可是对于今天的经理们，懂得怎样撰写卓有效力的书面材料，比以往任何时候都重要。为什么呢？因为如果文件写得好，你就能给公司带来重要的商业价值。例如：

➢ 你写了一份具有说服力的计划书，争取到了创建新的客户数据库的资金。这个数据库可以为公司削减成本，公司还能为客户提供更高质量的服务。

➢ 你写的另一份计划书从包括竞争对手提交的众多同类提案中脱颖而出，这份计划书是关于你公司愿意为潜在的新客户提供的一整套服务。潜在的客户选择了你的计划书，你公司因此赢得了一份利润丰厚的合同。

➢ 你用明晰、准确的语言，记录了执行新的卖方评估程序的具体步骤，员工因此能够选择最好的供应商提供高质量的重要商业原料。

➢ 你起草了一封致老板的电子邮件，及时向她通告关于一项重要项目的进展情况。你避免了电子邮件写作中常犯的错误，比如避免正文写得密密麻麻、没有标出描述性的主题句等。这样老板就会更容易理解电子邮件中的信息，明白了要使项目成功，必须解决哪些问题。

> 你给公司的网站写了一篇文章,描述公司刚推出的一款新产品的优点。事实证明,这篇文章引起大量关注,新产品的销售直线上升。

但是,可以衡量的商业效果并不是高明的书面交流的唯一好处:一旦你懂得怎样游刃有余地撰写文章,你就会受益无穷。特别是会使你从身边没有掌握商业写作技巧的经理们中脱颖而出。现在,由于许多中学和大专院校不再像以往那么强调写作的重要性,因此不会写作的人似乎越来越多了。

如果你展示了高超的写作技巧,就会建立声誉,引起上司、同事和员工的注意。全公司上上下下都会认为你聪明睿智,知识渊博。结果呢?你有了更多的升迁机会,你在公司里可以发挥更大的影响力。

在商业领域会写一手好文章还有一条好处,这条好处颇具私人性:要撰写任何商业文稿,你都必须理顺关于眼下要论述的主题的思路。事实上,除非你先把要写的内容搞清楚,否则不可能把它有条有理地表述出来。因此,撰写书面交流材料给了你一个宝贵的机会,即调动和强化思维能力的机会。如果你的认知能力增强,那么你工作时的思路会更清晰,作出的决策会更明智,工作成效自然也会更高。

当然,怎样撰写卓有效力的商业文件是个大问题,本书不可能面面俱到。不过,书中文章的结构安排旨在帮助你应对商业写作中的常见挑战。比如,你会发现,书中有一部分专门论述计划书的写作,这是一项尤其令许多经理人望而生畏的任务。书中还有一个部分集中探讨了怎样组织商业计划书内容的问题。确定适当的文体和语气也构成了本书一部分的主题。还有一个部分探讨了怎样应对商业写作的棘手难题,比如起草得体的电子邮件、撰写技术说明、拟写管理总结,还有保持文章"简明扼要"等办法。本书的结尾部分谈到了语法,包括怎样判断什么时候应该遵循语法规则,什么时候可以无视它们。

脑子里装着这些题目,让我们近距离看看,在这本书的每个部分能读到什么。

撰写具有说服力的计划书

此刻是星期一上午,你要为一个新项目写一份计划书。怎么把自己的种种思路整合起来呢?怎么判断计划书已经具备了一切应有的品质和特征,可以说服读者支持你的观点?这一部分的文章提供了有益的指导方针。

在"首先不要写成提纲"一文中,商业作家约翰·克莱顿(John Clayton)讨论了你在写作过程中必须扮演的四个个性分明的"角色",每个角色都发挥不同的

作用:"疯子"动脑筋思考问题;"建筑师"把相关要点搭成框架;"木匠"以句子的形式给框架添砖加瓦;"法官"剔除错误的语法或文体。克莱顿认为,为数众多的经理人仓促地跳过"疯子",跨到"建筑师"、"木匠"和"法官"阶段。他建议给"疯子"阶段多留点时间,以便产生足够的思想火花,其他角色才可以在此基础上展开工作。在"疯子"阶段,"你信笔写下自己想说的话,你想说的很多,不必考虑顺序,也不要评价它们的价值。你在点拨'疯子'的思想火花时,创意自然会源源不断地涌出。'疯子'在创造力勃发时,会文思泉涌;不要安排要点的结构,句子可以不完整,也别担心语法对错。"

第二篇文章是"让你的计划书独占鳌头",作者尼克·雷登(Nick Wreden)指出了有效的计划书有哪些决定性的特征和要素。比如,有理有据的计划书要用条理分明而富于感染力的语言向读者澄清自己建议的好处。它还严格恪守计划书的提交要求,为读者节省时间,省去麻烦,使他们更容易接受自己的观点。此外,具有说服力的计划书还要从读者的角度提供信息,避免陈腐的语言,因为大多数读者会认为这类语言是"垃圾"而不予理会。巧妙地利用图例,比如图解、表格和补充说明等,可以进一步增强计划书的说服力。

在"克服单调乏味的毛病"一文中,写作教师贝弗利·巴拉罗(Beverly Ballaro)和商业作家克里斯蒂娜·比拉丝卡-杜弗奈(Christina Bielaszka-DuVernay)明确了产生效果的商业计划书写作的更多特征。他们特别强调了"写好计划书的4C原则"：(1) 明晰(Clarity)：语言要清楚而直接地传达你的观点；专业术语要能被99％的读者马上理解。(2) 连贯(Coherence)：论述要合乎逻辑，要逐步把读者推向你的结论。(3) 切题(Cogency)：你的文章要说服读者改变想法或行为，或者两者同时改变。(4) 精练(Concision)：你的文章要简洁，不要用不相干或不必要的信息浪费读者的时间，检验他们的耐心。

克莱顿在这一部分用"何时无视读者的存在"这篇文章作结。在这篇文章中，他承认在起草计划书时一定要考虑到读者的需求，但是他提醒道，不要弄巧成拙。为什么？过多地关注读者，会让你犯灾难性的错误。比如，为了确保读者能看懂自己的文章，有的作者会用像对傻瓜说话的语言，结果读者可能会觉得作者高高在上，神气十足，反而有损写作效果。如果作者对读者的期待过分在意，最后也许会被套话束缚，不能创造性地思考。举例说明，如果你在修改一份规格明细，它是从以前的文件复印过来的，那么，修改也许会变成走形式，你完全看不出可以用哪些新办法改进这份规格明细。结果呢？最后你交上来的说明僵化呆板，甚至可能过时落伍。

醒目的结构

许多经理人发现,安排计划书内容的条理,尤其具有挑战性。这不奇怪,而关于这个问题的忠告也可谓汗牛充栋。收录在这一部分的文章提出了几种构建商业计划书结构的稳妥办法。

在"让人过目难忘的提案"一文中,商业作家贾尼斯·奥布楚斯基(Janice Abuchouski)认为,有血有肉的计划书必须至少包括三个主要部分:(1)对读者商业需求的总结,比如对方要填补什么空白,或者要获得何种能力。(2)对读者希望看到的结果的描述,同时指出你的意见将使他达到这个结果。(3)解决方案,它是你的意见与对方的具体需求相联系的纽带,用信心十足的语言表述出来(比如"我们大力推荐……",或者"我们建议……")。

在"赶时间写好稿"一文中,商业作家尼克·摩根(Nick Morgan)提出了理顺计划书条理的更多办法,都是经过实践检验的。他建议首先提出要点,用一句话说明你的提议以及它将怎样有利于你所针对的读者。比如,"把我们的软件品牌扩展到小企业,将能够重振逐渐下滑的销售。"摩根建议,接下来你可以陈述次要论据来支持你的要点。可以支持品牌扩张的次要论点也许包括:"我们的所有用户也都使用小公司的软件,所以我们就100%地占有了垄断市场",还有"客户会把品牌扩张与我们的主要软件产品联系起来,从而愿意购买我们更多的产品。"最后,摩根提出他的观点,即尽可能以强有力的方式组织论点的结构。例如,正面提出读者面临的问题和你的方案所提供的解决办法。

本部分的最后一篇文章是"写最周全的备忘录",作者是沟通顾问霍利·威克斯(Holly Weeks)。文章提出了进一步安排计划书结构的战术。威克斯认为,赢得肯定的计划书都是在围绕四个要素巧妙地讲述一个故事:(1)情境:简略地、实事求是地勾勒当前的商业图景。(2)复杂局面:当前背景下的问题造成局面不稳。(3)问题:以"我们该做什么?"、"怎么办?"或者"我们过去的做法错在哪里?"等句子的形式提出。(4)答案:你对问题的回答和解开一团乱麻的办法。比如:"近来调解活动日益受到欢迎(情境),但是由于调解员的培训程度不同,人们也开始担心调解的效果(错综复杂)。怎么消除这种担心呢(问题)?我建议由我们公司牵头发起一场运动,提升调解员的职业素质(答案)。"

确定适当的语气和文体

　　如果你选择的语气和文体符合书面沟通的目的，那么文件的效力会大大加强。这部分选录的文章就如何尽可能使二者相匹配提出忠告。

　　商业作家理查德·比尔克（Richard Bierck）以"为商业写作选择适当的语气"为题入手。比尔克认为，语气是很难把握的，它决定你在表达意见时是显见地不凡还是愚不可及，决定读者被打动还是无动于衷，决定他们是否就此产生行动的紧迫感。语气由两个层面决定：口吻的热烈程度和文字的正式水平。适当的热烈程度决定你的文章是"慷慨激昂"还是"理性克制"。热烈是指用夸张的修辞、强有力的形容词和栩栩如生的想象，触发读者的情绪。较冷静的文章则不会先声夺人，因而也没有迫在眉睫的紧促感。而文字的正式水平则决定于是否使用俗语，俗语可以使文章显得随意亲切，有助于拉近你与某些读者的距离。

　　咨询管理教员斯蒂弗·罗宾斯（Stever Robbins）强调了打动特定读者情感的重要性，尤其是如果你希望他们支持一项重大的改革倡议。虽然罗宾斯的文章着眼于正面沟通，但他描述的原则也可以稍加修改，应用于书面交流。在文稿中表达感情，可以传达一种紧迫感,使读者从个人角度进行反馈。罗宾斯认为,那些关于改革将怎样影响读者、给读者带来哪些好处的故事,可以大大加强关于改革倡议文章的感染力。比如,你可以考虑在放完为劣质产品投诉的客户录像之后,补充一份备忘录或者通讯,陈述和分析与该客户的面谈情况。

在"韵律和理由——诗歌对商业写作的借鉴意义"一文中,自由职业记者苏珊·G. 帕克(Susan G. Parker)提出了言而有效的文风的基本指导方针,包括简单明了、避免老生常谈、使用主动语态、变化句子的长短和结构等。帕克认为,练习写诗可以帮助你掌握上述风格要素,因为诗歌本身正好体现了这些品质。如果你不愿参加诗歌写作训练班,可以考虑多读一些诗,并循序渐进地把这些素养融入到商业写作中去。帕克说:"诗歌并没有许多人想象的那么难写"。

言而有效的文风的标志包括言简意赅和富于说服力,这些恰恰是艾恩·兰德(Ayn Rand)作品的一贯风格,她是颇有争议而声名远播的小说家兼非小说家。在"艾恩·兰德论写作"一文中,商业作家西奥多·金尼(Theodore Kinni)循循善诱地论述了兰德有关形成条理明晰、打动人心的文风的见地。兰德的忠告包括如下内容:不要把简单的思想复杂化;不要用嘲讽、贬抑的形容词或者不适当的幽默;不要写陈腐庸俗的套话。此外,书面交流的题目要限于某个具体问题,然后

就该问题提出让人耳目一新的视点。

当然，文章类型不同，文风也会千差万别。怎样确定你在某篇文章中选用的风格是适当的呢？约翰·克莱顿在这一部分的最后一篇文章中提出了建议："一种文体不能普遍适用"。克莱顿建议，文体（以及它的结构和内容）要与文章的类型相匹配。文章类型包括内部备忘录、客户信件、计划书等等，它们可以指导你选择什么样的文体。举例说明，许多公司的内部备忘录采用特定的标题格式，备忘录的接收者对其中探讨的问题具有一定的熟悉度。因此，文章的风格既要严格地恪守标题格式，使用的缩略语和术语也要是读者熟知的。

应对特殊的写作挑战

当今的时代，经济是以高科技大力推动为标志的，人们越来越多地使用电子邮件，经理人承受着日益沉重的压力，他们必须迅速吸收书面材料的信息并即刻采取行动。所以你在撰写书面材料时面临着前所未有的新挑战。这一部分的几篇文章将帮助你解决其中最让人犯怵的棘手难题。

在"不要点击'发送'键"一文中，尼克·摩根就怎样有效地使用电子邮件进行书面交流提出了建议。举例说明,既然在电脑屏幕上,几乎不可能准确无误地修改拼写和语法错误,那么无论如何,千万不要用电子邮件发送任何必须一字不差的文件。此外,你要记住,就连已经删除的电子邮件也可以恢复,因而可能落入你不希望读到它的人们手里。出于这个原因,电子邮件里不要包含关于真名实姓的人物未加验证的信息,也不要涉及对自己所在机构的贬抑性评价。如果这些邮件落入律师或者可能的老板手中,都会后患无穷。

如果你有很强的技术背景,或者是工程师和技术人员的管理者,你会欣赏接下来的一篇文章:即约翰·克莱顿的"怎样教技术人员写文章"。克莱顿解释说,技术人员关注分析和细节,这往往使他们看不到全局。举例说明,"假设你想申请使用公司的更多资源,请陈述不容辩驳的理由。如果你部门的技术人员不能令人信服地指出,他们提议的项目将转化成什么样的最低商业回报,你的申请多半会不了了之"。克莱顿概括了帮助工程师改进书面沟通能力的策略,包括明确读者的需求,提问以鼓励他们澄清思路,帮助他们安排文章的框架、整理修改并使之符合格式等。

还有一项写作挑战格外棘手,它就是你必须拟写的、无可逃避的管理总结,最常见的是计划书的管理总结。在"实事求是地撰写管理总结"一文中,克莱顿肯定地指出,计划书的管理总结是"人人都要读的部分"。

他解释了起草成功的总结的秘密。它们包括明确读者的需求、提出解决方案的建议、解释方案的价值;使用正确的格式和图标来突出总结的内容;保持语言明晰、简练、切题;如果用电子邮件的方式发送计划书,要添加可以点击的、便于读者跳跃性阅读的链接。

  在起草有理有据的书面交流材料时,还有一种挑战让许多经理人苦恼,那就是篇幅的限制:你在给老板写一份至关重要的报告,他坚持要求你用单倍行距,不超过8页。而你的草稿长达12页。怎么才能把它缩减到要求的长度呢?克莱顿在最后一篇文章里提出了有用的诀窍:"快速删节文章五法"。他的建议包括用表格显示对比,用图例来阐释长篇大论才能说清楚的复杂观点,选用较短的词汇和句子,用最适当的例子或趣闻轶事来说明要点(不要罗列多个例子)。

避免语法错误

  语法会使出版了著作等的商业作家在这个怪物面前也难免自惭形秽。你想遵守语法规则,显示你的智慧和对细节的关注。可是你知道,自己并不熟知所有的规则。况且,你看见身边一直有人在打破众所周知的规则(例如,不要把不定式拆开,不要用断句)怎么办?这一部分收录的文章将对你大有帮助。

在"用词不当和其他错误——经理人初级读本"一文中,商业作家克里斯腾·B. 多纳休(Kristen B. Donahue)提出了写作中常犯的错误以及避免错误的方法。这些错误包括把名词当做动词用("这项改革将极大地影响(impact)我们的业务","我们要建设(architect)这种新的业务模式")、名词、代词、动词的使用不一致["小组(team,单数)每周向他们(their,复数代词)的项目领袖发送(send,动词的复数形式)最新情况"]。要想避免这些错误,每份书面交流材料在最后定稿前一定要认真修改拼写和语法错误。如果你对某条语法规则不确定,比如你不知道"小组"(team)是单数还是复数名词,那么想办法规避这个问题。比如,你可以改成"小组成员(team members,它显然是复数名词)每周向他们的(their,显然是"成员"这个词正确的复数形式)的项目领袖发送(send,显然是动词的复数形式)最新情况。"

在"怎样在不懂语法规则的情况下写出正确的句子"一文中,约翰·克莱顿进一步围绕语法规则不确定的情况进行了探讨。如果你用了几个词,它们的意思你不能肯定,那么选择别的词来避免可能的错误。举例说明,你忘了"effect"(动词)和"affect"(名词)的区别,是吗?那么,你可以写成"规章制度的结果(不要用effect 或 affect,换成 result)将导致成本增加。"你不敢

肯定"complement"和"compliment"的不同吗？避免使用这两个词：写成"我要表扬（praise）这支小组，他们本季度取得了骄人的成绩。"

虽然遵守语法、拼写、文体和标点符号规则是很重要的，但是有时无视这些规则反倒是明智的选择，尤其是如果你的文章要迎合特定读者，这样做可以使文章显得亲切活泼的话。商业作家克里斯蒂娜·比拉丝卡-杜弗奈（Christina Bielaszka-DuVernay）在这一部分的最后一篇文章里阐释了这个问题："拘泥于语法规则是否妨碍了信息的传递"她提出有四条规则，如果刻板地恪守，会使文章生涩拗口，或者意思含糊，因而失去效力。例如，"千万不要用 and 或者 but 作一句话的开头"。不理会这条规则也许反倒更好。为什么？用 and 或者 but 开头，你也许可以把一个显然过长的句子拆开，因而文字显得更亲切，可读性更强。

如果你跟许多其他经理人一样，那么你可能总是把商业写作看成工作中最棘手的部分。不过，不必感到绝望。这本书里的文章为你提供了有效的战术和高超的技巧，确保你的文稿能达到目的，为你和公司达到有目共睹的结果。读一读书里的文章，你要开始琢磨，怎样才能把新知识运用到实践中。想一想：

➢ 我的计划书效力如何？一般来说它们是否赢得

了赞赏和支持？如果没有，我可以做哪些改进，以确保它发挥作用？

➤ 在特定的书面文稿中，怎样确定用何种语气和文体最好？一旦明确了适当的语气和文体，我怎样用词语的选择、情感的充沛程度和文字的正式水平来体现它们？

➤ 我觉得尤其难以跨越的写作障碍是什么：电子邮件的写作？把技术性很强的内容翻译成通俗易懂的日常用语？起草管理总结？满足严格的篇幅限制？我可以用哪几种策略来应对最繁难的写作挑战？

➤ 我对语法规则的熟悉度如何？我是否知道哪些规则一定要遵守，哪些规则可以忽视，以增强可读性，使句子明白流畅？我该怎样围绕最可怕的"语法之魔"下工夫，避免在文章中犯糟糕的错误？

第一部分 撰写具有说服力的计划书

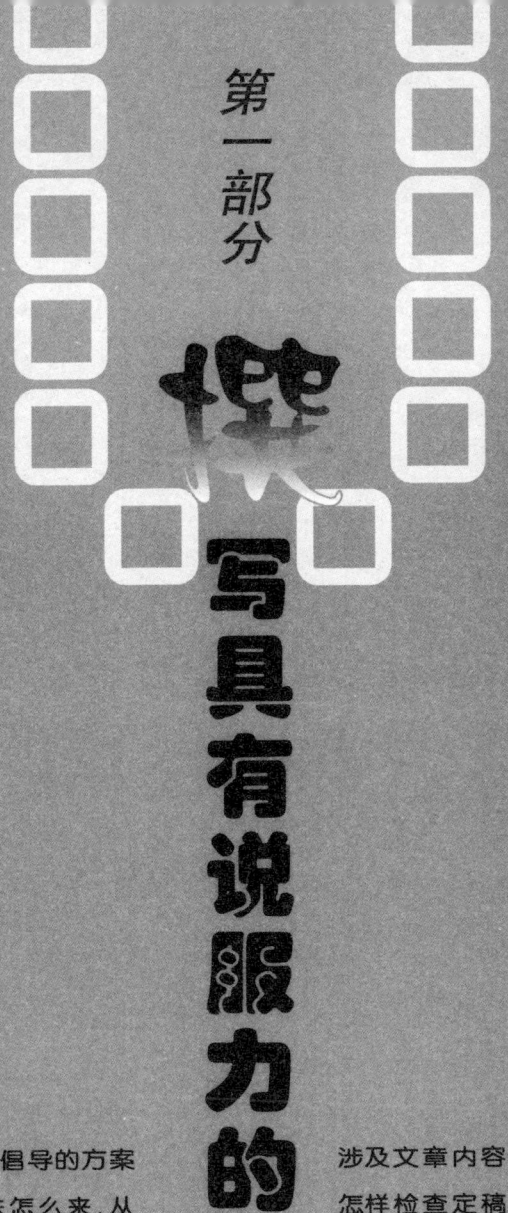

坐下来为自己倡导的方案起草计划书。想法怎么来,从哪里入手呢?你怎么知道计划书能说服读者,让读者容易消化,也便于他们对你的意见作出评价呢?

你会发现,本书的这一部分提出了许多建议,它们不仅涉及文章内容的酝酿,还包括怎样检查定稿,看它是否具备了简明扼要的计划书的所有标志:即条理清晰、语言简练、切中正题和一气呵成。其中一篇文章甚至说明了如何避免为迎合读者而弄巧成拙,因为过度迎合读者会削弱文章的效力。

1. 首先不要写成提纲

约翰·克莱顿
(John Clayton)

1. 首先不要写成提纲

约翰·克莱顿

我们在接受正规教育的某个阶段，大多要学习怎么用罗马数字列出提纲，以理顺文章的思路。我们被教导说，这是写作的"正确"方法。可是，在实践中，我们的思绪是杂乱无章的，它们很容易突破各种结构的限制，想到提纲以外的内容。一旦出现这种情况，如果先写出提纲再写作，可能会导致作者思路凝滞，一筹莫展；毕竟，当写作不能自然而然、水到渠成般地进展时，作者就会十分沮丧。

因此，许多专家建议，采用截然相反的办法，不要从按部就班的、限制性的条条框框入手。

在一篇谈论写作的经典美文中，贝蒂·休·弗劳尔斯（Betty Sue Flowers）指出了写作的四个鲜明的阶段或者步骤：

➢ **疯子**：放开思路，尽管天马行空地胡乱思想。
➢ **建筑师**：把相关概念组织成提纲。
➢ **木匠**：给提纲加上句子，形成结构。

➤ **法官**：作出裁决，剔除错误的语法或不当的文体。

你该属于哪一类呢？答案是，你应该是这四者的综合。不过，你是依次担当它们的角色。弗劳尔斯指出，要写出好文章，你必须一次只扮演一种角色。举例说明，如果法官在木匠的肩膀上对他的一举一动指手画脚，木匠是无法把木板钉起来的。如果建筑师既要操心设计，又要挥舞钉锤，那么他就不能发挥他的设计专长。

而人们最常忽略的可能是疯子和建筑师之间的区别。我们往往期待自己以合乎逻辑的顺序提出观点。我们把罗马字母 I 写在每页纸的最上方，简略地勾勒出第一条要点，然后希望其余的内容自动各就各位。我们还没有想好足够的论据，就急着要对材料加以组织。

不要约束疯子，让他随便游荡

提纲阶段让你的观点初具雏形。至少，你要有开头、正文和结尾。条理清晰的文件需要提纲挈领的大致轮廓，这点很重要，因为这是读者期待看到的。但是，布赖恩·A. 加纳（Bryan A. Garner）在《简单英语的法律写作》（*Legal Writing in Plain English*）一书

中指出:"疯子一定要有自由活动的时间,否则建筑师想展开高效率的工作,几乎是不可能的。"

> 最后的论证应该是步步推进的,
> 但你脑子里最早产生的想法不必如此严谨。

在集体讨论的情况下,大多数人都认可集思广益的概念:大家坦率地说出自己的想法,没有特别的顺序,也不妄下结论。很少有人喜欢独自一个人冥思苦想。独自思考有点像自我放纵,还有浪费时间的嫌疑。

疯子阶段就好比你独自一人展开辩论:你随手把自己想到的内容记下来,你想到了很多,它们没有什么顺序,你对它们的价值不加评判。当你激发了思想的火花时,你的创意就开始源源不断地冒出来。如果你允许疯子天马行空地游荡,他的工作效率最高;这时不要安排要点的结构,不要把断句写成整句,也不要担心语法的对错。最重要的是,不要以任何方式评价或者限制疯子的活动。

"疯子"这个概念听起来可能有点怪异。不过,我们用它指的是一系列具体的步骤,你可以据此激发大脑,引出各种思绪。其中最常用的三个步骤是不加区别地把各种点子集合起来、在脑子里过电影,并像直升机一样地形成跳越思维。

探索技巧

在《流畅写作》(Writing the Natural Way)一书中,加布里埃尔·里科(Gabriel Rico)力劝作者用自由联想的图表把各种观点集中起来。举例说明,假设你想为公司写一份计划书,用网上拍卖的方式提高产品的销售额。那么,取一张纸,在中间写"网上拍卖"。把它看做一个核心,用圆圈框起来。现在,从这个核心向外画一条线,再画一个圆,在它里面记下你脑子里冒出的第一个念头。这个念头可能是"增加客户群"。现在,你可以从这个圆再向外伸出几条线,写出网上拍卖怎样能以及为什么能增加客户群。

从核心伸出的第二个次级圆也许是"减少销售成本"。第三个圆可能是把自己的公司与易趣网的日用品销售相比较,易趣网的销售是可以类比的成功故事。你在考虑易趣网的做法时,也许突然又想到几个增加客户群的办法。那么,你可以回过头去,在第一个圆里再延出几条线。

不要担心这个圆是次级还是三级,也不要考虑比如"改进基础设施"的圆要加在"降低销售成本"后面呢,还是加在"强化技术领先的形象"后面。移动这些圆的位置,把它们用好几条线连起来,这些都是建筑师

的任务。建筑师还要勾掉一些圆，不过我再说一遍，这些都是后话。里科指出，当你全神贯注地把各种设想集中起来时，你的"压力、焦虑和抗拒心理不知不觉中烟消云散……如果我们顺应它，不干涉它，创意会源源不断地涌出。把点子集中起来……可以给人启迪，加强个人的洞察力"。

商业作家深感遗憾的是，里科的这些观点是隐藏在关于创造力，关于"你是一块熠熠生辉的多面钻石"的谈话中的，所以不易领会。更科学的办法来自托尼·布赞（Tony Buzan）的《大脑思路图》（The Mind Map Book）。布赞指出，人脑的神经结构从本质上看是一个庞大的数据处理系统，它有数百万个结、键和钩状突起。"所以，人类的大脑思维模式很像一台巨大的盘根错节的关联机（Branching Association Machine，缩写为 BAM）、一台超级生物计算机，它从几乎无穷无尽的神经元数据库里呈放射状发出数不清的思维。"

> 你在"信笔勾勒"这些图例时，
> 你的大脑在充分调动它的联想能力。

为了描述这种"放射性思维"，布赞鼓励大家用"大脑思路图"的概念。他写道，这种大脑思路图有四个特点：

➢ 被关注的对象凝固成了一个居于核心的意象。
➢ 该对象的主题作为分支从中心思路呈放射状发散出来。
➢ 众多的分支形成一个关键想法或者关键词，被印在联想线上。次要题目附加在更高一级的分支上，也得到展示。
➢ 这些分支呈现为彼此关联的网结状结构。

这样产生的图表很像里科把点子集中在一起的创意簇：被关注的对象位于中心，相关主题作为分支从它上面伸出。两者的差别在很大程度上属于美术范畴：里科把每个点子用圆圈框起来，而布赞则喜欢把它们写在分支线上。

此外，布赞鼓励大家用图像、色彩、三维效果以及变化不一的线条和字体。他要你精益求精地润色自己的思路图，直到它甚至可以作为最终产品。这里也适用弗劳尔斯的几个步骤：建筑师对这些主题重新加以组织；木匠修饰线条、文字和图像；法官对它的美丑作出裁决。

虽然文件的阅读对象也许还是喜欢看到最终提交的是老式的书面计划书，但布赞并不认为这份图表是可有可无的。你可以在疯子阶段使用思路图，在这个阶段，你确实是在摸索前进的。建筑师过后会把整个思路图变成提纲的格式。

顺应思想的无序性

里科和布赞都强调指出，这个办法不是连续性的。连续性的问题是用传统的罗马字母写提纲表现出来的。你最后的论点应该具有连续性，但你最初的思路却不必如此。

记住，缺乏连续性没什么错！问题不在于如何思考，而在于一种错误的认识，即你必须在条件不成熟的情况下把思想强行纳入刻板的提纲当中。画出放射状的图表或者圆圈，只是记录灵活无序的思路的一种方法。

加纳指出，许多律师使用一种叫做"直升机"的跳跃性思维记录系统，它的结构很像一张思路图或一堆创意的集合。但是，加纳的那些稍微有些弯曲的弧线看起来不像神经元，倒很像直升机或者陀螺玩具旋转的螺旋。

加纳写道："一旦你画好了直升机，不管它花了你10分钟还是10个小时，你可能会发现，把其中的各个要素纳入条理分明的提纲是很容易的。你了解所有的材料。问题只剩下让建筑师巧妙地把它们组织起来。"

你在考虑用创意群、思路图还是直升机时，一定要记住,不必担心该选择哪一种、不该选择哪一种技巧。它们其实没有什么差别,它们只不过是把活跃思想、把各种点子串联起来的过程用不同的方式表述罢了。你可以随便选择一种,还可以自己创造。

毕竟,你的图表看上去是什么样,一点儿也不重要。因为没有人会看到它!它只是个帮你区别激发和整理思想这两个步骤的工具。你在信笔勾勒这些图表时,你的大脑在充分调动它的联想能力。它产生的结果应该是,你的提纲更充实,更周全,更有力,这些特点自然会体现在你最后提交的计划书里。

延伸阅读

The Mind Map Book: How to Use Radiant Thinking to Maximize Your Brain's Untapped Potential by Tony Buzan with Barry Buzan (1996, Plume/Penguin)

"Madman, Architect, Carpenter, Judge" by Betty Sue Flowers, *Language Arts* Vol. 58, No. 7 (October 1981)

Legal Writing in Plain English: A Text with Exercises by Bryan A. Garner (2001, University of Chicago Press)

Writing the Natural Way: Turn the Task of Writing into the Joy of Writing by Gabriele Rico (2000, Penguin Putnam)

2. 让你的计划书独占鳌头

尼克·雷登
(Nick Wreden)

2. 让你的计划书独占鳌头

尼克·雷登

希·苏赫尔（Nancy Sucher）不只参看计划书。她谋求建立关系，她要寻找的是懂得她的需求，并清楚地把它表述出来的合伙人。

苏赫尔是价值35亿美元的布瓦斯办公用品公司（Boise Office Solutions）的采购谈判经理，该公司是一家办公用品和纸张分销商。苏赫尔认为，可能的业务关系要从严格遵照RFP（request for proposal，计划书要求）的指示做起。按照其他公司的要求撰写的计划书，不仅会给苏赫尔和她的下属增加工作量，还会竖起警示红灯。她问道："如果我们的客户现在不肯听我们说话，那么他们以后会肯听我们说话吗？"

促销也许能争取到可能的客户，但客户通常是用计划书赢得的。计划书写得好，可以成为拿到新业务、获得注资和抓住机会的最好途径。计划书写得不好，就是浪费时间和金钱。要提高获胜概率，关键在于在计划书的各个层面，都始终不要忘记可能的客户的需求。这条规则既包括你呈交的计划书要满足客户的基本的具体要求,也包括你要巧妙地判断并对未来客户的需求作出回应。如果做得理想,这样你就会写出准确的、可读性强的、令人信服的文件。

从未来客户的角度出发看待问题

你要明白,当几家公司纷纷用计划书来推销本公司的业务,希望博取未来的客户的青睐时,未来的客户面对5份、10份,甚至更多的计划书,他其实是在寻找理由减少候选人的数量。丹·萨福德(Dan Safford)认为:"公司不会一开始就挑选最好的计划书。他们先想办法淘汰掉那些不符合自己要求的计划书。这意味着计划书要通过最初的审核,而尽量不要被淘汰是极其关键的。"丹·萨福德是PS Associates公司的CEO,该公司是专营计划书写作和培训业务的公司。这一步要由未来客户的要求推动。计划书千万不要写你公司有什么能力,而要写你公司能为客户做什么。"优秀的计划书具体地回应未来客户的需求,"迈克尔·凯利(Michael Kelly)说。凯利是专营全球广告品牌营销的PricewaterhouseCoopers公司的合伙人。他说:"拙劣的计划书就只会谈论自己公司的资质证明。"举例说明,千万不要在计划书的开头描述你公司的发展史。

遵循严谨的步骤

系统的、可重复的计划书写作步骤可以保证满足客户的所有要求,满足计划预算的所有要求。它可以减少最后时刻草草收尾,因为这可以避免低效率和失误。它有助于准确地定价,这样你既能赢得业务,又有利可图。

遵循适当的步骤还有助于避免遗漏。如果你要对 RFP 作出回应,就要严格地、逐条遵照它的指示。例如,苏赫尔要求计划书不能是合订本,以方便快速复印和审核。如果可能的客户没有明确规定文件的要求,就要给他打电话,澄清计划书的格式。

尽可能与未来的客户多见面,加深对计划书要求的理解。凯利说,双方的会面可以明确 RFP 的具体内容,可以获悉对方的择优标准和决策原则,可以初步建立关系,使自己的计划书容易入选。

这个过程包括:

深入研究

"花在阅读、分析、计划和研究上的时间,至少要与酝酿写作的时间一样多,"作家赫尔曼·霍尔茨(Herman Holtz)在《计划书写作的专家指南》(The Consultant's Guide to Proposal Writing)里写道。在清楚地领会未来客户的要求的基础上,深入研究使你能够制定战略和解决方案,提出员工要求,甚至准确定价。凯利说,把初步的准备结果给未来的客户看,征求他们的意见通常是有好处的。这条指导原则有助于保证你的努力满足了客户的预期。

时间安排和大致的责任范围

你要明确时间安排、责任范围和预算金额。要划定关键人员,包括经理人、作家和技术专家们的责任范围。要把修改稿件、绘制图表、审核和诸如复印和装订等活动的时间也算进去。

审慎地写作

这一步最关键的部分,当然是写作。计划书必须清楚地记录双方对问题的理解,解释解决方案的由来,描述要开展的活动并详细叙述预期的结果。G. 杰伊·克里斯腾森(G. Gay Christensen)认为:"计划书的成败常常关乎写作的优劣。"他在位于加州诺思里奇(Northridge)的加利福尼亚州立大学教授商业沟通专业。他还认为:"使用简单的、合乎规范的英语,一句话

说明一个意思。避免使用专业术语。要修改再修改，一直改到简明直白为止。"用案例分析、研究或者第三方的认可来支持你的观点。

搭建框架

　　计划书的一个关键要素是管理总结。管理总结就像电影预告片。它们用扣人心弦的影片亮点激发观众的兴趣，提示即将上映的全片内容，帮助观众决定是否要花时间继续看下去。

　　所以，管理总结要求调动你最深入的思考，发挥最高超的写作水平。管理总结往往是决策者阅读的唯一文件。管理总结必须在有限的篇幅内，以充分的说服力论述关键的分析逻辑、公司能力和方案好处，促使读者阅读整份计划书。难怪萨福德称管理总结是"电梯演说的打印稿"。

　　克里斯腾森说："可是，虽然管理总结这么重要，大多数人却没有为它投入足够的时间。管理总结不是一蹴而就的。它们要求对计划书有深刻的了解，能够用简单明了的语言，生动有力地把它对特定对象的好处表述出来。"

　　管理总结既不是前言，也不是内容简介。它不是引入新内容的地方。管理总结的关键要素包括对项目的分析、规模、建议、实施重点和优点,说明它的优点是最要紧的。篇幅可以是一到两段或一到两页不等。我们有一条经验法则:管理总结的篇幅应该是计划书的10%—15%。

但是,和计划书一样,管理总结也是越精练越好。用小圆点标出主要概念或活动。避免类似于"我们高兴地通告你方……"等没有意义的话。相反,要指出,你建议在欧洲设立分销网,这样2005年销售额就有望提高40%。凯利说:"内容越具体越好,对方会知道你倾听并领会了他们的问题。"不要害怕提到定价,未来的客户反正很快就要在计划书中查看这一条。

专家为管理总结应该在计划书之前还是之后写争论不休。先写总结,可以为计划书确立框架和主题,还能避开常见的陷阱,即管理总结成了结论的替代品。后写总结,可以很容易地找出关键句,抓住相关重点。你可以考虑把两种方法的优点结合起来。先写一份管理总结来明确主题和利弊,再根据最后的计划加以修改。

不管管理总结写在前还是写在后,都要先用一个句子综述未来客户的问题,以及你提出的解决方案及其优点。把这个句子扩充为约100字。然后加入支持它的论据,直到重要问题一一得到总结。

还有一种宝贵的工具是回复表,即一张由3—4栏组成的表格,它概括了客户的具体规定,指出你遵守了

规定或者另有答复，还要说明你在计划书的哪个部分满足了他的要求。回复表可以加一个空白的备注或扣款栏。用回复表来说明，你在哪里涉及了 RFP 没有明确提出的重要问题，是极好的办法。在空白的边角写几条总结，就像大学生在教科书上做的笔记那样，也便于对方理解和审阅。

反过来，附件可以用来扩充或者记录正文提出的要点。附件可以包括小册子、照片，甚至录影带。普华永道（Pricewaterhous Coopers）的附件有时包括 CD-ROM，里面包含组织关系图，详细介绍即将组建的团队的每位成员的情况。未来的客户只要点击某位经理人的名字，就既能看到后者精心准备的简历，还能在录影带里看到后者简短的个人介绍。

要创建一份先声夺人的计划书，还有一些诀窍：

个性化，个性化，再个性化

计划书必须从未来主顾的视角出发。要强调计划的具体好处和价值，不要突出你方的总体能力和专长。对标准简历进行修改，突出体现未来的客户认为重要的经验。普华永道甚至根据具体客户的需求，特别强调它的企业发展史的某些侧面。

虽然套话可以节省时间，但在计划书中应该避免这样的文字。计划书里的套话就像邮箱里的垃圾邮件，一下子就能被人看到，所以对方很容易找到理由淘汰这份计划书。套话还表示，你对项目没有给予足够重视，没有费神使之变得有个性。唯一可接受的套话是标准合同、评级单、所有权和保密声明。

打动人的是细节

避免泛泛而谈和夸大其词。把什么"独一无二的资质"、"经验丰富"和其他可能会削弱可信度的笼统吹嘘抛在脑后。相反，要指出"我们将提供切实可用的手册"，详细解释一本厚50页、开本为6×9的小册子将提供操作对照，各小节的结尾处还附有10道问答题，确保读者看懂了这本小册子。甚至要避免使用像"计划书"这样笼统的说法。相反，要用像"用低成本、高效率的创新管理方法来改进质量的综合项目"等描述语。

画　图

图表可以清楚地说明问题，对解释复杂的流程尤其有用。说明具体特征和优点的表格尤其简明直观。还可以用图表元素，比如突出显示的方框来强调关键点。在适当的地方用小圆点作总结。

要简练

计划书要尽量简短。有些 RFP 有篇幅限制,把篇幅限制作为有形的约束,不要作为目标。看到它,你很容易把你猜测未来的客户可能感兴趣的内容全部加进去,但这些内容会淡化你的创意和能力。篇幅短有一条特别的好处:通常简短的计划书总是先被阅读,这样一来,你的计划书就成了评判其他计划书的标准。

花时间进行评估

计划书提交之后,任务还没有结束。可能的客户精挑细选后留下一些计划书,会向它们的作者发出自我陈述的邀请。借此机会,未来的客户不仅要解决计划书中提出的问题,还会判断双方是否投契和你方能力如何。

不管胜败如何,都要主动要求汇报情况。汇报情况对改进计划书的管理、增加胜算的概率都是至关重要的。如果你胜出了,要弄明白背后的原因。计划书的哪些内容脱颖而出,哪些内容没有引起注意?萨福德(Safford)认为:"获得合同以后,客户指导还可以帮助你成功地开展对项目的管理,"有时候,客户甚至愿意把已经淘汰的计划书再看一遍，以寻求不平常的见地。

汇报情况的失败经历也是很难得的。搞清楚你为什么被淘汰，有助于你将来写出有力的计划书。在某些时候，它可以充当进一步工作的跳板，特别是如果你在某个领域的建议切中要害，或者专业能力尤其突出的话。凯利(Kelley)说："现场发言不管输赢，都给了我建立长期关系的机会，建立长期关系是我的首要目标。"

屡见不鲜的情况是，计划书成了营销的副产品，到最后一刻才想起来写，里面通篇都是"谋求－替代"等泛泛而谈。难怪这样的计划书很少取得成功，因为它们跟事倍功半联系在了一起。而精心撰写的计划书其实可以成为最好的销售工具，它也是长期关系的开始。

参考阅读

The Consultant's Guide to Proposal Writing: How to Satisfy Your Clients and Double Your Income by Herman Holtz (1998, John Wiley & Sons)

3. 克服单调乏味的毛病

贝弗利·巴拉罗
克里斯蒂娜·比拉丝卡-杜弗奈
(Beverly Ballaro Christina Bielaszka-DuVernay)

3. 克服单调乏味的毛病

贝弗利·巴拉罗　克里斯蒂娜·比拉丝卡-杜弗奈

开头第一句话就要深深地震撼读者,优秀作家懂得这一点是多么重要。但是,最杰出的作家明白,一句引人注目的开场白和后面的内容一样重要。毕竟,报告或者备忘录在开头抓住读者的注意力,但在中间部分你又失去他们的注意力,那这样的写作有什么意义呢?

文稿要自始至终吸引读者的注意,不是一件容易的事情,尤其是你论述的题目要么复杂要么枯燥,或者既复杂又枯燥。下面这条策略会对你大有帮助:写作文稿时,要像写作演讲稿一样思考。

技艺精湛的演说稿作者不仅懂得怎样抓住听众的注意力,还知道怎样保持主题鲜明,以便听众全神贯注地听到最后。他们会用明显的标志和生动的语言,确保听众领会自己的思想。他们明白,语言的清新流畅有助于听众理解内容。

像写作演说稿那样撰写文稿,不仅有助于你把自己的观点传达给读者，还有助于加快信息的传递。时间就是金钱，经理人总是时间不够，在这种情况下，加快传递是一条重要的好处。假设你在写一份分销报告，要在会上发言使用，如果它一开始就抓住了听众的注意力，并使之持续到结束，那么在会议真正开始之前，它已经帮助你赢得与会者的好感，也让他们开始理性思考。

下面是几条万无一失的演说稿写作诀窍，它们可以最大限度地帮助你的写作。

明白写作的目的

如果作者在写作时对它的目的没有清晰的认识，那么这样的文章，不管是让人阅读还是讲给人听，都不会产生效力。如果作者不明白写作的目的，写出来的东西就很容易变成胡乱拼凑的大杂烩。但是，正如讲稿作家佩姬·努南（Peggy Noonan）在她的著作《论好的演讲》（*On Speaking Well*）中写道："面面俱到的演讲是空洞无物的演讲。"

她写道，设想你是"一名上了年纪的勘探员，你牵着一匹马在群山间游荡，马驮着你的工具和装备。如果马背上驮的东西轻，你可以继续往前走，勘探很低的地方；也许最后发现了金矿。但是，如果你放在马背上

的麻袋太多,马会不堪重负地倒下,结果你哪儿也去不了,到后来也找不到丰富的矿藏"。

你的目的是把公司的战略变化告诉自己的小组呢,是对顶头上司旁敲侧击,请他们继续想办法控制成本呢,还是说服老板允许由你来实施新的生产流程?你的目的可能是告知、启发以及说服这三者的结合。不管你的目的是什么,简单明了地用一两句话把它概括出来,这样可以确保在开始对各个要素作出孰轻孰重的艰苦抉择之前,你心里就清楚地知道自己的目的。

艾伦·M. 珀尔曼(Alan M. Perlman)是一名沟通顾问,也是《撰写精彩的演说稿》(*Writing Great Speeches*)的作者。他建议,你要提炼自己的观点,只需要包括能够推进目标的内容,你要把听众放在心上。你该假定读者拥有多少背景知识呢?你不想讲些他们已经了解的内容,但是同时,你也不希望自己的演说让人觉得一头雾水。

想想那位获得了诺贝尔奖桂冠的诗人,他曾经发表过关于自身经历的打动人心的演说,讲述他为赈贫济困所作的贡献,生动地引证了世界范围内的饥民统计数字。人们听得入了迷,坐在座位上一动不动,这时他突然感叹道:"60多年来,我参与保持麦子品种的抗锈性的工作,防止锈病通过空气传播的锈菌,从这些活动中,我获得了多么深刻的教训啊!"听到这里,人群不约而同地感到莫名其妙,虽然他们没有提出疑问,但大家的诧异感觉却分明可以察觉。

不管你试图传递什么信息,尊重读者的专业水平,对长时间地引起他们的兴趣都是大有好处的。

在演讲的整个过程中,要始终让听众明白重点所在

有效的演讲含有十分清楚的指示标,提醒听众已经讲过哪些内容,现在在讲什么,接下来要继续谈到什么问题。所有的要点不仅要让听众的注意力高度集中,并保持适度的娱乐性,还要环环相扣,每个要点都明确地归结到主题上。

珀尔曼说:"听众之所以左顾右盼或者昏昏欲睡,原因之一是他们要费很大的劲才能搞清楚自己正在阅读或者倾听的是什么问题"。这说明你的"写作不够连贯;衔接不够明了"。

检查你的演说稿,说明它已经做到了前后连贯和衔接顺畅的一个办法是,把你的报告浓缩为一份提纲,把每个段落的第一句话挑出来。这些主题句读起来应该是前后连贯、相辅相成的,直达最终的写作目的,没有明显偏题或者重复。举例说明:

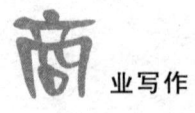

用公司的资源把我们本财政年度的营销成本削减40％,同时增加我们的收益……

首先,我们目前的业务代理在过去的3年里已经把费用提高到了原来的两倍……

其次,由于业务代理机构的人员流动过于频繁,我们在过去的4年里分别由4名客户代表来代理,每位代表所代理的客户数量几乎是过去的两倍……

最后,最近几年来,我们公司内部的工作小组在人数和经验方面都有了长足的发展……

如此变动还有一条好处是可以深化单位之间的合作……

大标题,比如说两个部分之间的标题,一定要能够告诉听众,下面的信息为什么是相关的、有用的。要想保持听众的注意力,讲话就要针对其切身利益。

在演讲过程中保持听众的注意力

说明原委的趣闻、巧妙的比较、生动的比喻,这些都能让你的要点在听众的脑海里留下深刻印象,胜过干巴巴地引用事实。

"用一大堆冷冰冰的统计数据劈头盖脸地砸向听众,不是明智的沟通战略,"约翰·特雷德韦(John

Treadway）说，他是图片冲印设备公司——Digibug Express 的总裁兼 CEO，"人们最容易对生活中发生的事情和个人的经历产生共鸣。"

特雷德韦谈到，有一次他向风险投资银行家作宣传，提出希望他们支持自己的当时正处于起步阶段的公司。他说："我的发言很容易只包括一些抽象的数字，比如客户在图片社排队等候冲洗照片的平均时间、邮寄照片要花的时间，以具体解释公司理念的效率之高。但是我没有这么做，而是首先讲了一个从可能的投资者那里偶然听来的真实的小故事。这位投资者有位亲戚，前不久为了在自助图片室放大一张照片，就花了将近两个小时（而他们公司的效率是很高的）。

"把焦点放在现实生活中的真实事例上，会议室里忙忙碌碌地赶时间的人们都会联想到自己的切身体验；这样一来，我就可以很快用切合实际而又能让人记住的语言，说明我们公司开展的是什么业务。"

拿出橡皮擦

在决定提交任何一份文稿之前，对它进行最后一次修改，绝对是明智的。你的目的是润色文稿使之完美，确保它符合你作为参照列出的每一条标准。这些标准可以分成两个部分。

这个参照标准的前半部分重点应该放在微观层面,即文字和文体:对自己不太确定的词语拼写,你反复检查了吗?你有没有把它大声读出来,看看讲话时在哪里会自然在停顿,以便在那里用逗号做标记?你的每句话是不是太长、太啰唆?你的引号和括号放在正确的地方吗?你是不是使用了太多的被动语态结构?每个句子都有意义吗?对你的讲话主题不熟悉的人,能否听懂你想表达的意思?

一旦你解决了文体方面的这些问题,就可以退后一步,从宏观的角度审视一下自己的文章。你的参照标准的后半部分应该强调结构、明晰度和一气呵成的问题:你的文稿有能说服别人的要点吗?它有没有得出前后一致的结论?你有没有给听众举出具体的、便于记忆的例子,以支持你想传达的观点?两个部分之间的过渡是否流畅,是否合乎逻辑?你的文稿有张有弛,让读者不知不觉从开头看到结尾吗?

哪怕是写正式的报告,也不要害怕偶尔让读者觉得出乎意外。用别出心裁的方法处理一个题目,可以真正使这个题目和你的文稿生动起来。想想优秀的演说家有时候是怎样激发读者的兴趣的:他先提出一个问题请听众回答,然后再给出一个出人意料的答案。举例说明,演讲者也许会让听众猜一猜,世界上居于前50位的经济体有哪些。在美国、日本、德国和英国这几个国家之后，这时他突然给出一个令人诧异的答案：接下来不是加拿大、法国或者中国，而是美国的加利福尼亚州。与呆板地指出，加利福尼亚一个州的毛产值超过了每年1.3万亿，这番问答能把他的观点更加有力地传达给听众。

有人想引起可能的投资者的兴趣，请他们为新颖的康复器械投资。他可以这样写："应客户和消费者的请求，我公司推出了一个系列产品，它们将会在日益扩大的市场中赢得竞争胜利。"或者相反，他也可以这样写："嘟嘟叫的瓢虫、瞪着一双大眼睛的海蜇和会跳马卡丽娜舞（Macarena）的机器人有什么共同点呢？它们都是由我们天才的工程师发明，给残障儿童玩的玩具，我们的工程师认识到，其中蕴含着前景喜人的商机。"你认为这两种写法哪一种更能抓住读者的注意力呢？

你在文章中想要传达的信息越抽象，就越有必要从人性化的角度处理它，让人对它着迷。

把语言流畅作为目标

所有的写作，不管是供人阅读的文章还是讲话的发言稿，试着把它大声朗读出来都是大有好处的。努南写道："你觉得拗口的地方，就要修改。"这条忠告是每一位作者都该注意的。

如果你和大多数人一样,那么你可能有默读的倾向,也就是不管你在读什么,脑子里都会把这些文字默念出来。在处理信息时,默读可以加快速度,提高效率,但你也要为此付出代价:用这种方式阅读,你的脑子会自动地把文字当中的空档填好,把错误漏过去,对拙劣的遣词造句视而不见,而在具体发言时,这些文字方面的缺憾就会明显被放大。

理想的做法是,你要大声朗读两遍:第一次读给自己听,目的是找出并删除文章里存在问题的句子,第二次读给一个愿意诚实地给出反馈意见的人听。你不需要从读者那里听到具体的批评;你要提出的最宝贵的可能也是唯一的问题是:"我刚才读的文章给你留下了什么印象?"如果对方不能指出你想说明的要点,你就要回过头来重新考虑该怎么写。

沟通顾问珀尔曼说:"文稿的可读性和是否容易理解是同一枚硬币的两个侧面。如果听众没有明白你的意思,他们就不会考虑、也不会去做你想让他们做的事情。意思明白是说服的第一步。"

写好计划书的 4C 原则

像写作演说稿一样思考,你必须把注意力集中在写作的有效性上:

明晰：语言要清楚而直接地传达你的观点。如果使用术语，必须保证99%的听众马上能听懂。

连贯：论点要按照逻辑顺序层层推进，文稿的每个部分都要把听众引向你的结论。

切题：文稿要具有说服力。它要说服读者改变想法或者行为，或者同时改变两者。

精练：文稿要简短洗练。它不会用无关的信息浪费读者的时间，也不会毫无必要地用冗言赘语考验读者的耐心。

4. 何时无视读者的存在……

约翰·克莱顿
(John Clyton)

4. 何时无视读者的存在

约翰·克莱顿

人们关于商业写作的忠告通常第一句就是："要考虑你的读者。"这条忠告正确地指出，不管阅读你的备忘录、营销小册子或者申请拨款计划书的是谁，他都有具体的期待要求你满足。大多数着实拙劣的写作没能考虑到它的读者或对象。它是不成熟的，是自我沉溺的，（至多）也是无足轻重的。所有的商业写作都旨在达成一定的目标，比方说销售某种产品或者记录一套流程。这个目标要想实现，取决于读者要跟你的文章产生互动：读者相信你的产品的性能超过同类普通产品，或者明白了怎样照搬你的流程。如果你从来没有考虑过读者，没有考虑过自己希望从读者那里得到什么反响，那么，你的文稿不会实现上述目标。

可是，有时候你又该把读者抛开。有时，过多地考虑读者会使你的写作失去生气。过于拘泥读者的反应，就好像带着锁链不能让你自由奔跑一样。把这些锁链打开，不过要把它们放在近处，因为晚些时候你还用得着它们,它们会帮助你到达目的地。

这篇文章深入探讨了五个具体的例子,从中可以看出,有时候不要对"想着读者"这条经典忠告过于在意,效果反倒更好。

准确地找出目标定位的错误

如果你正在针对特定的听众安排自己要写的文稿的信息和内容,就需要确定它的语气。那么最好你能肯定自己的目标定位是对的。专业术语可以给工程师留下深刻印象,却会让外行人听得一头雾水。而讲给外行听的简单解释,工程师们听了只会哈欠连天。

劳里·罗萨基斯(Laurie Rozakis)是《粗通文墨的管理者》(The Literate Executive)的作者。她写道:"你写作时针对的对象也许不是文稿唯一的阅读者,或者不是文稿最重要的阅读者。"罗萨基斯指出,最初的阅读者(请你写文件的人)也许跟首要阅读者(根据你的信息采取行动的人)不是同一群人,这两者跟次要阅读者(可能提供建议或者用其他方式使用你的文稿的人)又有不同。她进一步指出,除了这些,大多数文件另外还有两类阅读者:一是"守门员",他可以阻止你把信息传达给你的目标阅读者;二是"看门狗",他会认真研究你跟首要阅读者之间的互动关系。

举例说明,假设你发现一位老朋友在某家公司工作,你想把自己公司的办公用品卖给这家公司。你在写作产品宣传推荐信时,脑子里想着读者,也就是你的老朋友,你用热情洋溢的口吻回忆了你们童年时代那些无法无天、纵情嬉闹的故事。但你的朋友只是最初的阅读者,而你的首要阅读者是对方公司的采购代理商,他根本不在乎你们两个人可以追溯到 1974 年的交情。你朋友的上司缺乏幽默感,他也许会扮演守门员的角色,拒绝把这样一封不得体的信转交上去。你的上司则可能充当看门狗的角色,他对你这次遭遇惨败的来龙去脉调查后,批评你写了这封信,虽然它跟具体的阅读对象还是有点联系的。

你在组织产品宣传信的结构时,最好无视读者的存在,以产品的优点为立足点。

优秀的作者不会"屈身俯就"读者。这不管用。 有效的写作是把信息传达给听众。

把过去的读者当做写作对象

有时候,作者把注意力集中在过去而不是现在的读者身上,这是本末倒置的,就好像将军在计划赢得上一场战争,而不是即将到来的下一场战争一样。你的上一份申请拨款计划书被拒绝了,因为它对实施关注太少。但是如果你现在要写的申请拨款计划书是交给另一家代理机构,这家机构可能更注重你以往的记录,或者对你的革新方式感兴趣,而不是具体的实施步骤,那么你就不必矫正上次的问题。

针对过去的读者写作的最大问题是,你往往意识不到自己正在把他们当做阅读对象。结果,你把关于项目实施的所有细节都加到了此后写作的计划书里,因为你没有意识到,实施细节是专门针对过去的读者的。

当你写作时下意识地把早已成为往事的过去的读者当做阅读对象时,最大的问题出现了:你所面对的人成了一位过于严厉的英语老师。她在你交上去的每页纸上都打满红叉。她总是指出你的缺点而不是优点。她坚持让你使用最新的词汇。她只注意文字,而不是文章的整体内容,比如千万不要用介词来结束一个句子。

即使是现在,你在纸上每写一个词,心里想的都是必须打动她。结果,你辛辛苦苦地写作,既满心痛苦,又费时不少。这样写出的内容落在纸上,给人的感觉是不自然,笨拙,没有生气。

可是,你早年的英语老师是不会看你的促销小册子的。你现在的读者也许认为,把介词放在一个句子的结尾是完全可以的。只要句子的意思可以读懂,读

者感兴趣的主要是你的产品的性能,而不是你用来描述它的文字。

对读者居高临下

读者对主题的了解往往比不上你那么透彻,这正是他们要读你的文稿的原因。可是,如果你过于担心读者的背景知识不够,想要对每个问题点到即止,只作解释说明时,你的写作不仅会让你倍感挫折,也很少对读者有所帮助。

在《修改的艺术》(The Craft of Revision)一书中,唐纳德·M. 默里(Donald M. Murrey)写道,优秀的作者"不会'屈身俯就'读者。这不管用。有效的写作是把信息传达给听众。"

如果你觉得读者愚蠢,读者会感觉到这一点。他们痛恨你这样看待他们。所以,不要认为读者是专业基础"最薄弱的环节",你要这样想:他们还没有来得及掌握某些缩略语,或者还没有接触过某些概念,他们就像当初还没有掌握这些知识的你一样。因此,默里建议,要写给自己看:他说,能够激发读者的作者"会考虑读者的感受,跟读者感同身受;他们不要远远地站在读者的另一边,而是要站在读者身边。"优秀作家在检查自己写的文章时,他们自信可以代表读者作出反馈,比如说一声"嗨,慢点!"或者"你把我搞糊涂了",或者"真棒,请继续。"

因此,就像你为银行的信用审批程序作记录一样,要避开过于简单化的比喻(比如"这笔贷款就像津贴")。相反,你要设想你自己正在申请贷款,写下你想了解哪些情况。

写作时,不要停下来对读者的阅历或者智力水平加以分析。把这些任务留到修改阶段,在这个阶段,你应该研究的是每个概念和词汇,确保你向读者就其语境进行了充分的交代,给出了解释,提供了领会的空间。

> 写作时,不要停下来对读者的阅历或者智力水平加以分析。把这些任务留到修改阶段。

丢开态度,追求技巧

写作,即使是最实用的技术写作,就其本质而言也是私人的技巧,甚至只是创作的过程。你把许多词汇串联在一起,你的串联方式由你的个性决定,它是独一无二的。读者读到了这些文字,他会看到(也许是下意识地)文字背后的你的个性和态度。如果他不能感觉到你在字里行间的存在,他也许不会继续读下去。

因此，如果你过多地关注读者，压抑了自己的个性，读者就不会被你的文字打动。

威廉·津瑟（William Zinsser）是《论写好文章》（On Writing Well）一书的作者。他说，写作涉及到技巧和态度两个方面。"从技巧的角度看，由于文笔拙劣而失去读者，是没有理由为自己开脱的。如果读者在打瞌睡……因为你对一个技术细节马马虎虎，这个错误完全是由你自己造成的。"但是他说，谈到写作时的态度，你必须放松心情，如实地说出自己想说的话。如果你失去读者是因为他不喜欢你，或者他不喜欢你说的话，那就随他去吧。

你在撰写的申请拨款计划书将为你认为有意义的一个项目提供资金。如果你放松心情，让项目的意义凸显出来，你的写作就会变得生动，读者也会像你一样相信它的意义，因为你相信它的意义。如果你只把注意力放在读者身上，你就无法向他们说明，他们为什么要相信项目的意义。

我再说一遍，在修改阶段，这些也许正是值得深入探讨的问题。"我在这里是不是说的太多了？""我跟这个具体的代理机构真的建立起关系了吗？"但是，你在写作初稿时，最好表达自己的态度，不是把心思全放在读者身上。

用套话代替思想

大多数人认为，写作和思考是息息相关的。你在为公司即将制造的软件撰写特别规范时，会意识到这项指标将对软件的其他部分产生影响。你在研发会议以及软件模型周围察看时都没有考虑到这个问题。意识到问题是没有错的，其实这反倒大有好处。不过，这意味着，你在写作时，脑子必须保持活跃。

但是，如果你过于注重读者的期待，那么写出来的也许不是套话连篇，就是你觉得自己必须符合的一份范本。你甚至可能是在修改一份从前面一套规格说明中复印过来的文档。这份说明可能陈腐不堪，结果你的思维始终没有被调动起来，所以你压根也没有意识到它隐含的问题，最终软件出现问题。

还有一种情况是，你也许被例行的格式文本吓倒了，你不敢修改它来满足此刻的需要。举例说明，如果你是第一次写作新闻发言稿，面前的桌子上摆放着以前的三份稿子作为范文，你可能不知不觉就在模仿它们的文体（日期线、小段落、谁—什么—哪里—何时等格式），结果，你干巴巴地照着它们的内容写了一篇发言稿。你始终没有解释这次发言为什么很重要，说实在的，可能连你自己也没想清楚这个问题。

不管你在写什么,必须首先澄清你的思路。然后,你可以顺着这条思路把内容引向读者。

优秀的作者通常对读者有清楚的认识。但是他们也具有一定的自信:他们明白,文字出自他们本人、他们的经验和专长。

参考阅读

The Craft of Revision by Donald M. Murray(2000,Harcourt Brace Jovanovich)

The Literate Executive by Laurie Rozakis,Ph.D.(2000,McGraw-Hill)

On Writing Well: The Classic Guide to Writing Nonfiction by William Zinsser(2001,Harper Resource)

第二部分 提案的结构

许多经理人发现,安排提案的结构尤其具有挑战性。这是肯定的,关于这个问题的忠告也可以用汗牛充栋来形容。这一部分的文章将提出一些有关安排商业提案结构的稳妥可靠的战略。

尽管几篇文章的作者提出的观点不尽相同,但他们的建议都有一些共同的主题。比如,他们都认为,在提案的前面,你一定要对读者的担心、问题或者挑战表示理解。提案还要求具备某些内容,包括你提出的解决方案,以及用以支持你的观点的次要论据。你要用清楚、自信的语句提出自己的解决方案。

1. 让人过目难忘的提案

贾尼斯·奥布楚斯基
(Janice Obuchowski)

1. 让人过目难忘的提案

贾尼斯·奥布楚斯基

提案顾问汤姆·桑特（Tom Sant）写道："虽然光靠优秀的提案，很少能赢得交易；但是，提案写得不好，必然会失去交易。"

写提案时可能犯的一条最重大的错误是，把你公司的情况向未来的客户和盘托出。桑特指出，其实提案的效力不在于你一方的业务，而是在于未来客户一方的业务。在《具有说服力的商业计划书——怎样争取到更多客户和合同》（Persuasive Business Proposals: Writing to Win More Customers, Clients, and Contracts）中，桑特对怎样起草以客户为着眼点的计划书，并最终赢得业务提供了循序渐进的指导。

写作要有目的

桑特写道，告诉人们必须把商业计划书写好，"就好像打开一间黑暗屋子里的灯,看到蟑螂满地乱窜一样",他们完全没有了头绪。商界人士会转而想出各种简便办法,避免写作以客户为着眼点的内容。他们会复制原来的计划书,改换一下公司的名称,更新一下基本信息。他们还会"堆砌数据",把自己找得到的所有内部营销资料全部收集起来。

可是,未来的主顾对这样的计划书或者其中不相干的细节毫无兴趣,他们绝不肯费工夫搞清楚,你的公司可以为他们提供什么。他们要的是解决方案,以明白无误、令人难以抗拒的方式写出来的解决方案。

桑特写道,说到底,计划书其实是一份促销文件。要想劝说可能的客户选择你的产品和服务,你必须清楚地告诉他们,你握有针对他们业务问题的解决方案,你能提供价值。简而言之,你必须具有说服力。

计划书写作的7个致命错误

1. 没有把关注的焦点放在客户的商业问题和报偿上面;内容听起来笼统空泛。
2. 结构缺乏说服力,计划书是"资料的堆砌"。
3. 没有指出当前的客户与其他客户有哪些明显的区别。
4. 没有提出有竞争力的价值主张。

5. 要点被埋没，要点的叙述没有力度，没有重点提示。

6. 要点很难理解，因为通篇都是专业术语，文章篇幅太长或者技术性太强。

7. 有损声誉的瑕疵：拼写错误、语法和标点符号错误、写错客户的名称、格式前后不统一，以及诸如此类的错误。

说服的四个步骤

增强写作的说服力是最难掌握的一种应对沟通挑战的技巧。你承受压力（提交计划书的最后期限一天天逼近）时，可能会用你最擅长的方式、而不是用未来的客户乐于接受的方式提供信息。

桑特建议，可以采用新闻人员的一个办法，即"漏斗型"写作技巧：用读者认为最重要的一个或一系列事件开头，然后转向第二重要的事件，依此类推。以此安排文件的结构，读者只要吸收了足够的信息，就可以不再读下去。

这样一来，挑战就成了从未来客户的视角出发，考虑最重要的事实。桑特提出，以下四个步骤可以对你有帮助：

（1）理解客户的需求和问题

桑特写道:"要简略地对业务情况加以总结,把关注的焦点集中在要填补的空白或者要获取的能力上。"如果你表示自己听到了客户团队的申诉,理解他们的需求,你就增强了他们的信心,即你提供的解决方案是适合他们公司的。

客户至上的计划书要回答7个问题

桑特写道:"你拿起铅笔在纸上写字之前,你用指尖敲打键盘之前,要回答下面7个问题。它们会迫使你从客户至上的角度看问题。"

1. 客户的问题或需求是什么?不管是潜在的客户向你发出明确的请求,还是你主动向对方提供解决方案,不要把你可以为客户提供的服务与客户可以从中得到的好处相混淆。

2. 这个问题为什么必须解决?这项需求为什么必须满足。要认真评估。想一想,为什么是现在?哪些因素促使这种情况再也不能被忽视,使现在成了采取行动的适当时候?

3. 不管采取什么行动,哪些目标必须完成?在提

出任何计划之前，一定要保证，你清楚地理解未来的客户用来判断成功与否的标准。这个目标要得到什么好处？要避免什么后果？

4. 哪些目标是要优先考虑的？在你明确地了解了客户渴望取得的结果之后，判断哪些结果最重要。然后，在你的计划书中，按先后顺序，从最重要的到最不重要的一一陈述，以表明你对对方公司的想法的理解。

5. 我能提供哪些产品、应用或服务，来解决问题或者满足需求？通常情况下，一个问题可以用多种方式加以解决。逐一考虑这些方式。把你可以提高的解决方案与客户的需求相结合，你的结合方式独创性越高，你的计划书从众多的计划书中脱颖而出的可能性就越大。

6. 每项建议实施后，可能伴随出现什么结果？根据你先前的经验，作出有根有据的推测。你的建议能导向客户达成最重要的目标吗？要付出多少成本？

7. 把这些结果与客户渴望达成的结果或目标进行比较，哪个方案是最好的？选择对客户最有利的办法，把它作为你的计划书的基础。克制冲动，不要推荐能单方面为你带来最高利润（或者好处）的解决方案。要从长远考虑。希望你正在建立能够持续发展的商业关系。

(2) 把关注的焦点放在客户想要实现的结果上

潜在的客户以什么标准衡量成功呢？要想让你的产品和服务看上去十分可取，未来的客户要看到什么样的结果？虽然先陈述问题再提出解决方案似乎更符合人们的本能，但是别忘了，你的目标是打动客户，而问题也许不是足够有力的动机。

桑特写道："大多数公司都同时面临着十几、几十种问题或需求，这些问题中的绝大多数永远得不到解决。"为什么？因为与要付出的辛苦相比，这些问题似乎不值得解决。你要努力说服客户，你准备解决的问题是必须要解决的。

(3) 提出一个解决方案

大多数计划书都忽略了这一步，真让人不敢相信。相反，这些计划书只描述了自己公司的产品和服务，没有把它们与客户的具体需求相联系。在提出建议采取的解决方案时，不要羞于启齿，要用诸如"我们建议"或者"我们大力推荐"这样的语句，用强有力的、积极的态度把你的信息传递过去。你必须说服客户相信，你提出的解决方案的回报是巨大的。

你还要证明，你有能力实施你的解决方案，你可以

在预算范围内按时把工作完成。所以计划书还要包括参考内容、证词或者案例分析。但是记住,在这里,过犹不及。一份光彩夺目的证词胜过一大堆华而不实的材料。

(4) 要简单明了

客户不像你自己那样熟悉你的工作,这一点很容易忘记。不要用太多的技术细节或者术语分散读者的注意力,把读者搞糊涂或者失去他们的注意力是错误的。你的计划书要尽量写得简短、精练和清楚。用例子说明,可能的话,尽量避免使用缩略语。

要试着多写短句。每个句子的单词不要超过15—18个。描述流程时,要用简单的一步接一步的方式,在此期间重点突出你的要点。粗黑字体、标题、小圆点标示的要点和空格,这些都能帮助你清楚地说明问题。你的计划书可读性越强,潜在的客户变成真正客户的可能性就越大。

2. 赶时间写好稿 ……

尼克·摩根
(Nick Morgan)

2. 赶时间写好稿

尼克·摩根

如果现在是凌晨两点钟,而今天你必须提出自己关于扭转销售日益下降的局面、恢复原来销售额的战略。几个星期以来,你什么也没想出来,直到现在还是毫无头绪。啊！突然,你灵光一闪:不就是扩展品牌吗？你一下子有了主意。天亮以后,你要在董事会上发言,提出这样一条建议:智力牙膏。

是的,智力牙膏。你所在的规模不大的软件公司要推出一种牙膏品牌,它有一块内置芯片,在牙膏快用完时,这块芯片可以提示更好地刷牙和添置牙膏的指示。你要与连锁零售企业沃尔玛和联邦快递达成合伙协议,不过具体细节你要稍后再写。现在,该写计划书了,时间很紧。况且,写作向来不是你的强项。

下面是三步组成的快速写作法,它能帮你清楚地表达自己。如果你发现还有一点时间可以对稿子稍作润色,那真是太好了。不过,如果你的主要目的是速度和明晰,它就可以算完成了。

首先，写出主题句，或者要点

这个句子应该清楚地表明你的观点，以及它可以给你的读者带来什么好处。就上面的例子而言，主题句这样写：

我们把软件品牌扩展到智力牙膏的开发，将扭转销售日益下滑的局面。

注意，这个主题句没有能够完整地表述这个创意的丰富内涵和意义。例如，它没有提到与沃尔玛和联邦快递的合伙关系，也没有解释智力牙膏究竟是什么东西。但是，它特别指出了读者，也就是董事会所期望的产品优点。还要注意，这个创意和它的好处是直接而不是间接相联的。要想写好主题句，意思清晰、语句简单是至关重要的。

其次，写出支持主题句的辅助论据

下面是几种可能性：

我们所有的用户都使用牙膏，所以我们可以占有100%的垄断市场。

记得在牙膏用完之前买新牙膏,是件烦人的家庭琐事。

消费者喜欢会说话的牙膏。

客户会把清新的口气与我们的软件联系起来,而愿意购买我们更多的产品。

现在,你有了四条支持论据。但是,该怎样安排它们的顺序呢?怎么才能把它们黏合在一起呢?

最后,用最合适的结构组织你的论据

现在,该挑选文章的组织结构了,你要用最有力的方式安排论据的结构。你可以用下面四条基本原则来组织文档的结构;至于哪条原则最好,则取决于论据的性质。

问题—解决方案

快速而有力地组织论据的方式往往是问题—解决方案的方式,它便于采用,因为它符合人们惯常的思维模式。

就上面的例子来说,只有一条次要论据是问题——记得在牙膏用完之前买新牙膏备用,那的确是

件烦人的琐事。其他论据既不是问题,也不是对所提问题的解决方案。所以你必须再找一些问题,使次要论据可以成为其解决办法:

我们的销售在下降。

——我们可以把品牌扩展到利润丰厚的牙膏市场,因为我们所有的用户都使用牙膏,这样可以大幅度地促进销售。

只有当消费者使用私人电脑时,才会与我们现有的产品发生互动;我们要让自己的品牌涉入他们的私人生活,以及职业生涯。

——客户在购买了我们的智力牙膏后,会把我们的软件与给他们带来清新口气的愉快和信任感联系起来,他们会因此购买我们更多的产品。

记得在牙膏用完之前买新牙膏备用,是件烦人的琐事。

——我们的智力牙膏将确保客户手头总有牙膏可用,这种便利会得到他们的赞赏。

在琳琅满目的高科技市场,产品很难得到消费者的注意。

——会说话的牙膏棒会引起他们的注意,因为它新颖别致、与众不同,而且技术领先。

原因—结果

这条安排文章结构的原则也相当有效,不过它在次要要点中,只有结果,没有原因。所以上述论据必须重新修正,以增强它们之间的联系。

我们拥有所有用户的信息数据库。

因为他们意识到牙齿保持清洁的重要性,所以会使用牙膏。

他们每个人都面临着必须每天都有牙膏可用的挑战。

如果我们能应对这种挑战,让他们的这个看似微不足道却又必不可少的需求很容易得到满足,用户会感谢我们,也会喜欢上我们的会说话的牙膏。

此外,他们会把我们的品牌与清新的口气联系在一起。

他们因此会产生积极的联想,这些联想将引导他们购买我们更多的产品。

对　比

对比是突出显示一种模型的优点,同时指出另一种模型的弊端的好办法。在上述例子中,你要展示营销智力牙膏的创意与目前摆在桌面上的点子,即按照用户名单发起电子邮件宣传有哪些好处。

这两个计划有哪些共同特征？这是论据"求同"的部分。就这个例子来说，共同点很简单：两者的目的都是促进销售。但它们的相似之处仅止于此。你可以用下面的句子开头：

品牌扩展计划和电子邮件营销计划有一个共同的目标：扭转销售日渐下降的状况。

现在，该深入比较这两条创意了。下面，你要逐条列举你的支持论据，澄清它们的优点，同时使其他计划相形见绌：

我们所有的用户都使用牙膏，所以我们拥有100%的垄断市场。我们把牙膏作为目标市场，就可以主动接近那些对我们的公司和产品相当了解的人们。如果只通过电子邮件，我们的品牌将无法期望获得如此高度的品牌认可。实际上，在现在这样的信息泛滥时代，在不了解我们的用户心中，发送电子邮件反而可能损害我们的可信度。

记得在牙膏用完之前买新牙膏备用，是件烦琐的事。我们的智力牙膏不仅可以保证客户的牙膏永远用不完，还能为他们省去去商店里买牙膏的时间。而收到我们电子邮件的人，也许大多数会认为阅读这份电子邮件是浪费时间。

即使我们设法在促销性的电子邮件里加入钟声和

哨音来引起注意,这也不是争取客户的新鲜办法;技术还是原来的技术。而一支会说话的牙膏则是货真价实的前沿科技。它具有风趣、时髦的感觉,极有可能在我们理想的目标客户群里成为身份的象征。我们以这种革新的产品所获得的声誉也将大大提升其他产品的声誉。

客户会把清新的口气、前沿科技与我们的产品联系起来,因而愿意购买我们更多的产品。相反,促销电子邮件没有什么特别的,可以让客户把它跟我们的产品相联系;实际上,一些讨厌电子邮件的人会继而认为我们的产品也很讨厌。

时间顺序

按照先后顺序安排文章的论据,可以突出显示一个项目已经投入的时间和相关数据。举例说明,假设你所在的规模不大的软件公司先前把它的品牌扩展到附属消费品,比如会说话的动物填充玩具。这个过程经过了哪些步骤,取得了什么结果,以时间顺序一一澄清这些内容,可以帮助你有效地说明自己的论据,即把品牌扩展到智力牙膏是个好主意,现在抓紧时间采取行动是稳妥的商业战略。即使你的论据用了其他组织方式,以时间先后顺序安排分发材料的内容,也是有意义的。

你把次要论据以上述四种方式之一安排好之后,就要着手使细节丰满生动起来,以加强论点。用主题句作标准检查文章的内容,任何不支持主题的句子都要剔除。文章的主题应该是文章第一段的主题句,次要论据应该是后面各段的主题句。然后,你其余要做的就是果断收尾,再次强调你的战略所包含的重要观点,以寻求读者的认可。

完成这一步之后,这时,你的文章在修辞方面也许算不上优美,但它将是条理明晰、听起来合乎逻辑的。这就是好的开头。

3. 写最周全的备忘录

霍利·威克斯
(Holly Weeks)

3. 写最周全的备忘录

霍利·威克斯

关于优秀的商业写作有哪些决定因素，人们的忠告可谓五花八门，这些说法大多自相矛盾。商业读者爱看条理分明、内容晓畅的写作，而作者却常常听到使文章的信息"听起来动人"的鼓励。读者希望作者提供的信息简单而直接，作者却听到让自己的文稿"脱颖而出"的劝告。读者想尽快看到文稿的核心，作者却遭到批评，因为他漏掉了某人可能查看的背景细节。

这些自相矛盾的告诫让人无所适从。明白晓畅也许是第一条模棱两可的标准。文稿让人看不明白，不是因为作者思路不清（虽然他们常常遭到这样的指责），也不是作者不诚实，或者想要用含糊不清的语言掩盖背后的真相，而是因为作者想把关于文体、文笔和深度等彼此冲突的观点杂糅在一起。

事实是，商业写作可以用更可取的办法，以三条实情为入手点：即商业读者注重内容，时间紧迫，一心寻求解决方案。

这三条对作者意味着什么？首先,作者要丢掉文笔必须优美的意识。读者注重的是内容,语言只是承载信息、观点及这二者之间关系的载体。优美的语言很像得心应手的司膳总管,它在为读者服务时游刃有余,本身不会引起读者的注意。其次,文稿的结构至关重要。不管你在进行什么具体分析,倡导什么具体行为,你的报告或备忘录对读者的吸引力的大小,在很大程度上取决于文稿的顺序是否合乎逻辑,你怎样展示自己的信息和观点。

开　头

注重内容的读者会通过内容简介,来判断备忘录的其他内容是否值得花时间读下去。可是,很多作者却对开头掉以轻心,开头之后才逐渐加强自己的论点。

这是不对的。开头必须回答读者的这个问题:"我为什么读它?"要回答这个问题,就要明确地澄清,整份文件是相关的,有用的。经典的商业写作书《金字塔原则——写作、思考和解决问题的逻辑》(*The Minto Pyramid Principle : Logic in Writing , Thinking and Problem Solving*)对此提出了尤其有益的指点,它的作者是巴巴拉·明托(Barbara Minto)。明托写道,令人耳目一新的内容简介要围绕四个要素简明扼要地讲

一个故事：

1. **情境**：简短地、实事求是地大致描述当前的商业局面，抓住读者的注意力。
2. **复杂局面**：这个故事里存在一个扰乱局面的问题。它也正是你写作这篇备忘录或报告的原因。
3. **问题**：也许是"我们该做什么"、"我们该怎样办"或者"我们所做的尝试错在哪里？"这些疑问不一定非要明确提出，可以暗示。
4. **答案**：你对问题的答复、对复杂局面的解决方案。

这几个要素的先后顺序可以打乱。下面是两个例子：

情境—复杂局面—解决方案

（"我们该干什么？"的问题是隐含的。）

过去的 25 年里，人们纷纷寻求解决纠纷的替代办法，以避免司法程序的高昂代价和敌对举措，因而调解越来越受到欢迎。但是，人们的担忧也与日俱增，因为调解员的水平参差不齐，调解的质量难以预测。我建议以机构的身份，牵头发起一场运动，推动调解的标准化和专业化，使调解员在各州都能得到水平相当、质量上乘的培训，使接受调解的个人或社团能够对调解的质量产生信心。

问题—解决方案—复杂局面—解决方案

怎样才能使调解变得专业化,以保持它在过去25年中获得的发展势头？个人或团体求助于调解,原本是为了避免诉讼的开销和冲突,但是水平参差不齐的调解员数量的增加,使调解质量难以保障,引起客户的不满。我建议我们以公司的身份牵头发起一场运动,确立调解的标准,使调解员不管住在哪里,都可以得到高质量的培训,而接受调解的个人或社团也能够对调解质量产生信心。

注意,上面两段文字中,各个要素顺序的调换仍然满足了读者对内容简介的预期。但是第二个例子的口吻有所改变,听起来更加肯定。

便于阅读的文体

对于那些希望自己的作品"流畅"的人来说,明白易懂、突出内容的句子也许很难写。想想看：摇篮曲之所以流畅,是因为你想催孩子入睡。流畅的句子往往冗长、密集、有节奏感。断句也好不了多少,断句太多会分散读者注意力。读者愿意读的句子介于这两者之

间,是文笔轻松、精心撰写的句子,其中蕴含丰富的内容。在商业写作中,简短不是优点,精练才是。

对那些认为复杂的遣词造句可以显示自己聪明的人来说,以读者为重的商业写作也很难。如果注重内容的读者不明白你的句子是什么意思,而停下来琢磨时,你就既不显得优雅、也不显得聪明了。你只显得骄傲自大,自我沉溺。

令人意外的是,术语、即某个特定领域的专门用语,如果它适合你的主要读者对象,那么,它完全可以出现在优秀的商业写作中。使用术语就像使用缩略语,它是专家之间进行沟通的紧凑而有效的方式。但是在三种情况下不应该用术语:即它没有意义、你不懂、读者对它不熟悉的时候。如果读者对象较为广泛,你想使用专业术语,因为主要的读者对象使用它,那么你要在第一次使用时给出它的定义。如果是篇幅长的报告,可以考虑附加一个词汇表。

建造金字塔

现在该具体阐释你所倡导的解决方案了。明托提出两条建议:第一,刚开始要避免写句子,用图例把你的论据和资料分成小块的、易于吸收的信息片断。第二,从上往下,把这些信息片断集中和串联起来,使之呈金字塔形,居于下方的信息要解释和支持上方的信息。同一层次的信息可以水平地穿行,但始终要支持它上一级的信息。思考问题可以从金字塔底部向上推进,写作则要从上往下铺陈。

假设你刚刚加盟一家中等规模的合资食品加工公司。你担任新的业务开发副总裁,负责开拓新市场,并带领公司为这些市场生产商品。

公司主要的产品线,即冷冻食品,在三年的经营期间销售始终没有增长多少。但是,你发现了一个新的前景喜人的目标市场:年龄在35—55岁之间的上班的夫妇,他们拥有成熟的口味,不吃添加了防腐剂和人工成分的食品。你想说服公司的管理委员会,开发一系列有机冷冻食品在超市出售,专柜带有欧洲大陆式风格。

最后几招

> 把重要内容放在每一节的开头或者结尾。读者喜欢读新闻,即使故事让数百万人伤心,记者也要把它放在标题里说明。但是作者却总想引导读者,手拉着手带领读者走过自己的要点和论据,直到最后得出结论。可是除了谋杀悬疑故

事，读者不喜欢这样的文章。

➤ 判断读者的实际情况，明确适当的具体程度。许多人写得太多，却为自己的透彻而骄傲；而交待不够的人则感到庆幸，觉得自己的简洁是值得钦佩的。这两类作者都没有对读者、对自己尽到职责。过度写作的风险是，在滔滔不绝的细致描述中失去读者，而写得太少的作者则可能被读者视为肤浅的思想家。在读者看来，所谓的透彻意味着"眉毛胡子一把抓"，简洁意味着"短"；真正的目标应该是简明扼要，意味着"尽量既紧凑又完整"。

➤ 根据原则修改，没有固定的模式。商业作者希望有一些模式化的句子，但模式总会扭曲以读者为中心、注重内容的备忘录或报告的真实意图。妥善地安排文章结构的原则是紧凑、重点突出的开头、重要内容放在每节的开头、具体程度掌握得恰到好处，以及明托提出的金字塔式逻辑结构。与其扭曲内容以适应某种笼统的模式，不如使用这些标准会对你更有益处。根据原则对文稿进行修改，也比冷眼旁观的古老忠告对你更有帮助："把文章丢开 48 小时不看，然后再回头读一遍。"这样做的确可以让你以全新的眼光看待自己的写作文稿，可是，你什么时候有过这空闲的 48 个小时呢？

第三部分 确定适当的语气和文体

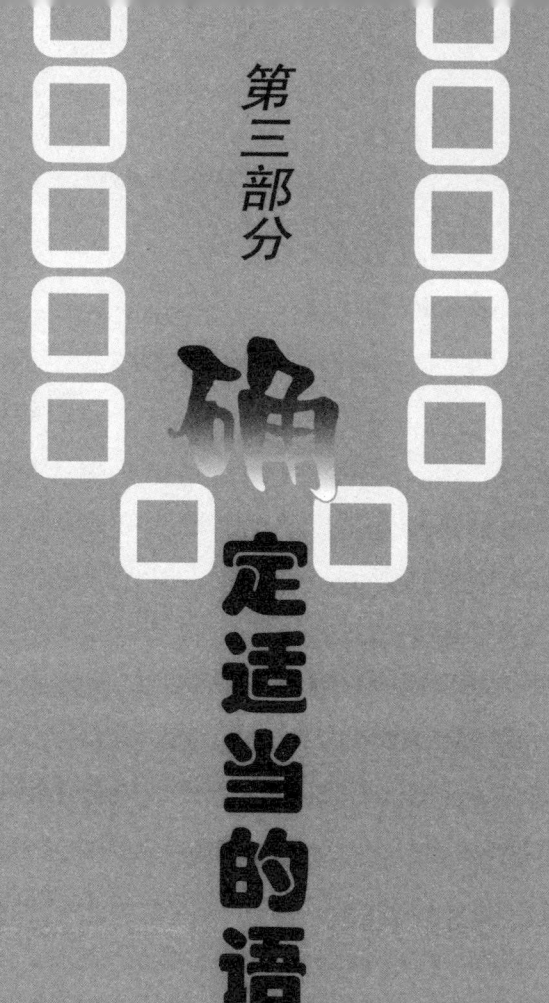

如果你为写作选择了适当的语气和文体，文稿的效力可以增强。下面选编的几篇文章提出一些忠告，以保证文稿的语气与它的性质尽量吻合。

你会看到，文章的语气由两点决定：情感水平和正式程度。你会读到一些对这两点加以控制的建议，以便为自己的文章选择适当的语气。下面还提出一些建议，即利用文体与读者发生情感共鸣；选择条理清楚、令人难以抗拒的文体；使文体与正在写作的文章体裁相吻合等。

1. 为商业写作选择适当的语气

理查德·比尔克
(Richard Bierck)

1. 为商业写作选择适当的语气

理查德·比尔克

许多作者在词汇、语义和结构的选择上感到头痛。可是,把单词写在纸上,并不意味着写作任务已经完成了。还有一个重要步骤是使文章的语气与场合以及读者的实际情况相吻合。

文章的语气是个难以把握的问题,它决定读者会对你感到厌烦还是发生兴趣,他们跟你产生共鸣还是对你嗤之以鼻,他们认为你是愚笨的乡巴佬还是超越凡俗的智者。你条分缕析地勾勒出对一个复杂问题的解决方案,读者却未必接受你的思维方式,除非你的写作激发了他们的本能,使他们产生共鸣。不适当的语气会给读者留下拙劣的印象。而适当的语气则能让读者把注意力集中在文章的内容上,排除不相干因素的干扰。

大多数成功的生意人都具有敏锐的直觉,懂得怎么用适当的口吻跟别人说话。但是,许多人没能把这种判断应用于写作,不管是电子邮件、备忘录、信件还是计划书。他们的写作往往不是太呆板僵化、一本正经,就是过于放松和随意。同样,很多文章对庄重严肃的场合显得过于轻松愉快,而在应该激情澎湃的环境下又显得过于深沉、低调。

不管在哪一种情况下,要选择适当的语气,你必须严格掌握两点:情绪水平和正式程度。

要衡量一篇文章所表达的情绪水平,你可以提出一个问题:"这份备忘录应该充满激情呢,还是沉着冷静?"文章的冷热两极之内,就是可供选择的范围。下面就是两极的例子:

激动:任何一个人,只要最近没有像鸵鸟一样把头埋在沙子里,都知道我们的市场出了大问题。一大群训练有素的竞争对手把我们产品线的薄弱环节作为靶子,向我们发起进攻,给我们造成了致命的打击。结果是我们的收入像大出血一样急剧下降。怎么才能遏止这种局面?把我们最差的产品丢开,把全部精力投入到品牌产品中。这意味着我们必须尽快拿出一份有效的营销计划,把我们产品的优点明白无误地告诉公众。我们必须采用头脑风暴法,设计一项锋芒毕露的战略。如果这一次搞砸,也许要不了多久,我们就得在大街上喝西北风了。

平静:现在,大多数人可能已经意识到,我们的市场正面临着危机和挑战。竞争者正在侵蚀我们的市场份额,我们的收入在减少。唯一的解决办法也许是放

弃我们的一些不太成功的产品，以便集中精力投入到开发更有竞争力的产品中去。要做到这一点，我们必须调整营销力量，把我们产品的价值告诉消费者。这就要求召开计划会议，制定有效的战略。我建议我们有条不紊地推进工作，制定一个切实可行的办法。如果不能果断地采取行动，后果可能是十分可怕的。

虽然这两篇文字出于同样的意图，传达了相同的信息，都是为了激励读者采取行动，但他们的语气却大相径庭。笔调热烈的文章采用了夸张的（鸵鸟的形象）修辞法、语气强烈的形容词（例如"致命的"），和尖锐的比喻来说明问题的紧迫性。它用强有力的动词和生动的（有时候甚至是外科手术样的）想象来激发读者。

而笔调冷静的文章则较少有惊人之语，因而显得不那么紧迫。它更多地依靠读者从字里行间，来体察局面的严峻性。笔调热烈的文章是一个大惊失色的人在号召大家采取行动，而笔调冷静的文章则不大可能导致慌乱，因为它避免了情绪化。

第二个衡量的标准是正式程度。和情绪水平一样，备忘录的正式程度取决于它的场合、接收者的偏好和公司的特点。

你要明白，什么样的正式程度是适当的。举例说明，在业界颇有威望的一家保险公司，选用正式的文体几乎总是较为得体的。相反，如果你的公司制造的是滑雪板，正式文本也许只能引人嘲笑，被人随手丢进废纸篓。

下面是几个例子。

随意：你已经拿到了4－1－1号文件，上面写着我要说的话：最近，我们的销售业绩臭不可闻。竞争对手把我们伤得不轻，他们在从你我的口袋里捞钱。从这团乱麻里脱身的唯一办法也许是，丢掉我们产品线里的废品，大力武装我们的品牌产品。除非我们给营销团队抹点润滑剂，让公众相信，使用我们的产品会体验到美好的时刻，否则我们很快就会成为历史。我们必须采用头脑风暴法，提出有用的战略。如果做不到，用不了多久，我们就只好去卖薯条了："您想要薯条，还想要点什么？"

正式：现在，只有近视眼才看不到我们的市场份额所面临的不幸处境。我们的销售数字达到最低点，竞争对手正在超越我们，我们的收入大幅度缩水。也许唯一的办法是放弃利润不高的产品，把精力集中在业绩更好的产品上。复苏的关键在于精心酝酿一个旨在提高消费者需求的营销计划。如果设计不出这样的战略，其他一些担忧都可能失去意义。

在较为随意的段落里，日常俗语占据了主导。它没有使用堂皇的、文雅的比喻，而是用了流行文化的俚语。再过30年，读者恐怕很难读懂它的意思。不过，现在这种语气可以让某些读者产生共鸣。

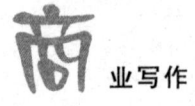

与此相对，语气正式的段落避免了日常的措辞，没有试图与读者建立这样的亲密关系。它在作者与读者之间拉开了距离。有些读者也许觉得这种语气显得高高在上，但另外一些读者会认为，在特定的商业范畴，它是适当的。

你会发现，很多时候，对情绪水平和正式程度的判断是有所重合的。较为随意的文章往往倾向于情绪激动，至少热情洋溢，不过这也不是绝对的。而正式的写作通常是理性的，但它偶尔也可能带有饱含热情的要素，比如表现有力行动的比喻或者短句。

就连专业作家也很少在初稿时就确定适当的语气。这需要作者具有纯熟的敏感性和日复一日的磨练。即使真有这种情况，你可能也不能肯定自己选择的语气是适当的。

要想确定文章的语气是否适当，向你尊敬的人请教，试着把你的文章读出来，看看他的反应。他是否认为，对于读者或者某种场合而言，你的文章太激情澎湃或者语言太夸张？还是笔调太冷漠？同理，他认为你的文章与读者太疏远，还是太亲密？哪些词或者短语让人感到不舒服？怎么改，才能完成这项任务？把文稿请人试读一遍，当然不是什么高深的秘诀，不过，如果肯费这番工夫，就一定能写出更有效力的文章。

请人试读自己的文稿似乎很麻烦。但是，对一心想要写出卓有效力、能够打动人心的文稿的作者来说，与其一个人继续徒劳地思考和修改，不如请人试读，那样可以省时、省力不少。请人试读还可以帮助你不至于偏题太远，很快回到正轨。

此外，它也可以分担写作的痛苦。不过，说到底，写作是一个人的事情。最后，你要为写出适当的文稿负责，为选择适当的语气负责。

2. 交流以助改革的推行

斯蒂弗·罗宾斯
(Stever Robbins)

2. 交流以助改革的推行

斯蒂弗·罗宾斯

姆·华莱士（Tim Wallace）知道,他有个问题要解决:客户在收到公司交付的产品后提出投诉,原因在于对他的员工迟迟没有答复十分不满。他知道,这种局面要大力扭转,但他不确定是不是该再发出一份带有谴责言辞的备忘录。

于是,华莱士决定,把投诉的客户录成影像,请客户描述自己跟华莱士的公司打交道的经过,以及客户要求改变却屡屡受挫的心情。最后,华莱士在一系列小型会议上,把15分钟的录像放映给400名工厂员工观看。

"不少人惊讶得嘴巴张得老大,"华莱士回忆说。"少数人持戒备态度。不过,很多人说:'我们得针对这种情况采取点措施。我们要做点什么。'"

华莱士说,他的录像带变成了催化剂,让公司上上下下都把注意力集中在这个多年来谁也解决不了的问题上。不过,录像带也是一个经典的例子,它说明了改革动议中沟通的重要性。专家认为，在领导试图对公司进行改革时，沟通这个关键要素经常被忽视。

丹·S. 科恩（Dan S. Cohen）说："改革和沟通是我中有你，你中有我的。"科恩与约翰·P. 科特（John P. Cotter）合著了《变革之心》（*The Heart of Changes*），其中收录了华莱士和其他一些成功改革的领导人的故事。"但是，我经常听到领导人发牢骚：'我说过我们要这么干'，可是什么也干不成。"

"最终，能够传递改变现状的紧迫性的是沟通和情绪"，即员工在个人层面作出回应的能力。"员工的热情必须被重新点燃，一次次地重新点燃。改变现状不是一场50米的短跑比赛，而是一场马拉松。"

科恩和其他专家指出，把这种必要性和紧迫性传达给变革倡议背后的人们，是至关重要的。仅靠高层的指示和备忘录是不够的：员工要听到以具体的例子为证据的清楚的信号，才会集中精力投入更大的努力。称职的信使要站在最前面，强化他带来的信息，在互为反馈的圆圈上构成了必不可少的一环。大多数倡导变革的提议传递的是渴望实现变化，此外再无其他。但是，在企业里要想使某种变化长期保持下去，管理人员必须与员工及时沟通，员工可以告诉他们，在日常工作中，哪些举措产生了效应，哪些没有。

变革的信息要明朗

"企业具有长期形成的复杂的致力于维持现状、抵制变革的系统。"彼得·森奇（Peter Senge）等在《变革的舞蹈》（*The Dance of Change*）中写道。所以，领导人如果想发起一场持久的变革运动，他首先必须明白："变革无一例外地是从局部开始的，然后随着时间的推移，变革的范围才会不断扩大。"

给员工分组放映录像带，看满腹牢骚的客户对劣质的产品和服务提出投诉，这样做比CEO给下属分发备忘录，笼统地要求"改善客户关系"的效果更加显著，这就是原因所在。员工不仅切实看到如果不能改变将会产生什么后果，还要立即展开讨论，发表对改变现状的意见，以求解决这个问题。

同理，森奇等还引用了一个故事，一家化学公司大张旗鼓地发起了全国性的厂房维护计划，不料却在取得显著的试验成效后半途而废，不了了之。管理层召开了庆功宴，庆贺试验项目圆满成功。他们满以为公司的其他机构会跃跃欲试地群起效仿，就制作了一本小册子描述这种新的战略。可是，就在试验项目推广到其他几家工厂之后，原来的培训人员一走，项目最终还是失败了。

工作组只好重新集合起来,这一次他们缩小了目标范围。他们把精力集中在核心区域,即容易出现问题,而又对总的生产效率十分关键的部门。然后,他们进一步把10个最棘手的核心区与其他部分相脱离。这番努力目标明确,项目逐渐推广到13个不同的区域。虽然有的工厂还在抵制变革,但是切实起效的项目使管理层信心倍增,他们付出更多努力以迎接更加严峻的挑战,最终改善工厂运营的整体状况。最后,工作组得出结论:变革的入手点越小越好。

不过,科恩和科特还举了一个例子,是一位采购经理想要削减成本,却没有成功。于是,这位经理悄悄地举办了一次工作手套的展览,这些手套是他的下属们在全国各地以悬殊的价格向不同的卖主购买的。他把这些手套堆在桌子上,它们在材质和款式上雷同的相当多,然后请下属们前来参观。他们一进门就明白了问题所在。

用科恩和科特的说法,这些"视觉化"的处理方式戏剧性地肯定了事实的存在,所以能够说服员工相信,变革势在必行,同时可以消除他们固执地希望维持现状、抵触变革的情绪。

从发起变革倡议的那一刻起,
沟通就应该是双向的。

管理层要扮演关键的角色

乔恩·R. 卡岑巴赫(Jon R. Katzenbach)在他的著作《贯彻变革的领导人》(*Real Change Leaders*)一书中写道,中层管理人员是组织关系图里经常被人忽视的职位,但他们对变革的落实也许会发挥举足轻重的作用。卡岑巴赫指出,中层管理人员扮演的角色如此重要,是因为他们是通过变革改进业绩的直接责任人。

这些经理们最关心员工操心的问题,他们要在变革的过程中,每天都亲身展示公司贯彻变革的信心。没有他们的身体力行,持观望态度的员工很容易耸耸肩膀,对 CEO 办公室发布的最新宣告一笑置之。在一家制造公司,漠视高层发布的变革指令甚至成了一门艺术,员工们用缩略语 AFP,意思是"又一项高明的举措"来描述变革提案。

科恩说:"很多领导人没有认真考虑过变革的含义,以及在它自上而下贯彻落实时会遇到哪些问题。所以,你和我在某次公司大会上听到高层发出的变革指令时,谁也不会在心里想一想:'这对我和我的工作意味着什么?'就这个层面来说,CEO 是真正发号施令的人吗?"

科恩说,中层管理人员是把变革提案传达给下级的关键人物,因为如果员工真正接受了管理层的决定,他们首先要效仿的就是中层管理人员。科恩说:"领导人往往意识不到,没有了背后的中层管理人员,大多数员工会想:'我不用改变什么。反正变革不会发生。'屡见不鲜的情况是,他们的上级又会想:'随它去吧。如果我的上司没有对我说,这很重要,那么,变革就不会发生。'"

因为中层管理人员扮演了非同寻常的核心角色,所以把沟通计划做得更细致。首先以小型会议的形式把他们作为目标,应该是发出变革指令的基础之一。但是,要做好心理准备:中间管理人员明白,他们会听到本部门员工的牢骚和担忧,所以会踊跃地提出问题,征询关于工作性质、重组方式、补偿和新政策的种种具体细节。

建立反馈机制

别忘了,从发起变革倡议的那一刻起,沟通就应该是双向的。如果人们参与了新程序的设计,他们执行新程序的可能性就更大。人们越多地参与回答"如何落实"的问题,就越肯付出努力,使之贯彻下去。

科恩调查了一家飞机制造公司,该公司新上任的CEO深信,他必须尽快果断地改变公司解决生产问题

的方式。他向高级管理层简单地说明了问题所在，并概括了接下来要开会探讨的问题。

但是，为了了解一线员工的情况，这位新领导抽时间在工厂四周巡查，跟正在上班的员工交谈。他没有把他们叫进会议室，而是去了他们在一起消磨时间的地方，比如"吸烟室"。一般来说，他会先开口询问工人对公司和他们所面临的问题的看法，然后向他们征求意见，询问该怎么解决威胁到工厂倒闭的生产问题。

一周的巡查自动建立起某种反馈机制：一项新政策或举措被执行时，CEO会在几天后返回工作现场，跟工人讨论变革的效果、工人的反应以及工人提出的适应这个举措的建议。

在另一家公司，CEO建立了每周报告制度，部门负责人可以把变革执行过程中遇到的大大小小的问题都收集起来。科恩说，这样做就相当于在全公司开会，直接面对问题，看看有哪些关于变革的错误信息来流传。

当值得肯定的变化开始出现时，记住反馈机制也可以成为庆祝或大或小的成功的好办法，庆祝成功是同样重要的。如果人们没有注意到新举措产生了哪些变化，领导者要把它们指出来。要选择那些被大量宣传的决策所产生的效果，向全公司发出信号。把新举措与旧举措作一对比，反差越大，你发出的信号就越强。

参考阅读

Real Change Leaders by Jon R. Katzenbach and the RCL Team (1997, Three Rivers Press)

The Heart of Change: Real-Life Stories of How People Change Their Organizations by John P. Kotter and Dan S. Cohen (2002, Harvard Business School Press)

The Dance of Change: The Challenges to Sustaining Momentum in Learning Organizations by Peter Senge et al. (1999, Currency Doubleday)

3. 韵律和理由　诗歌对商业写作的借鉴意义

苏珊·G. 帕克
(Susan G. Parker)

3. 韵律和理由——诗歌对商业写作的借鉴意义

苏珊·G. 帕克

迈克尔·亨利（Michael Henry）在丹佛创办诗歌工作室时，他原以为会有一群20岁左右的年轻人出现在他的"灯塔作家工作室"的课堂上。出乎他意料的是，学生大多是40多岁的中年人，他们的身份是律师、医生和企业管理者等。而学生们没有想到的是，诗歌写作工作室改进了他们在工作中的沟通能力。

"诗歌写作推动了我的商业写作，"苏珊·博克霍夫（Susan Bockhoff）说，她以前在一家医疗制造公司担任技术经理。她说，自己当时报名参加灯塔学习班，是"为了搞点儿创作"。

她说："它让你明白，人们可以从你的写作中读到什么。现在，我能更加准确地把注意力集中在总的沟通目标上，不会陷在谁也不懂的具体细节里出不来。"

可传授的技艺

学习写诗对商业作者来说具有几点好处，包括学习正确地使用比喻、安排计划书的结构、使写作最大限度地产生效力等。亨利是灯塔写作室的合伙主任，他说，这是因为，写好诗需要中心鲜明和语言精练，这两者很容易应用到一切写作活动中。

"学生们学习用精练的语言和具体的细节来突出一首诗的中心思想，这样它的主题是鲜明的，动词也是主动语态，他们说：'等一下，我可以用这种写法写备忘录。'"

> 写作和学习诗歌有一条好处：它可以帮助管理者用简单的语句表达复杂的思想。

玛丽·皮纳德（Marie Pinard）是教 MBA 学员和商业管理者写作诗歌的巴布森学院（Babson）的英语教授。她指出，掌握某种形式的诗歌还有助于提高商业写作的技巧。诗歌常常要符合某种格式，包括俳句、六节诗或者十四行诗，这就要求灵活地使用语言和精辟地表达主题。同理，商业写作也遵循明确的格式，比如电子表格、报告和备忘录。皮纳德说，对一些企业管理

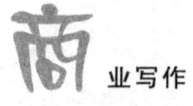

者来说,"必须使用某种格式时,他们对写诗的恐惧就消失了。用固定格式写诗有许多规范性的约束。一些人认为,这是令人安心的,因为他们习惯了固定格式的写作。"

传递复杂的思想

写作和学习诗歌的另一条好处是,它帮助管理者磨练遣词造句的技艺,学习以简单的语句表达复杂的思想。在《罗密欧与朱丽叶》里,朱丽叶说:"它叫什么名字?我们叫它玫瑰。换一个名词,它闻起来还是那么甜蜜。"亨利指出,这段话用具体的、吸引人的方式描述了抽象的名称概念。

博克霍夫在练习诗歌写作的过程中受益匪浅,诗歌写作对她担任顾问大有帮助。前不久,她给一支销售团队写了一本解释新的计算机程序的手册。

再也不要踩到盘子上,
在外部思考或者找到杠杆作用。
找到强烈的、新鲜的意象来表明你的观点。

她说,不要用令人讨厌的业内行话:"我写的是正式的、准确的英语。我直抵问题的核心,客户喜欢这样。我留意避免的另一个问题是套话。我绝不能忍受这类套话,比如杠杆作用啦,协同效用啦,打开一个机会的窗口之类。我一看到它们就想吐。人们一听到套话,脑子就会自动关闭,因为他们从管理层那里听得耳朵都生了茧。这些套话没有任何意义。如果你诚恳地提出意见,而不是滔滔不绝、不管不顾地乱说一通,人们会更关注你所说的内容。"

苏茜·弗里德曼(Susie Friedman)是夸克(Quark)出版软件公司的产品和企业管理人员。她每天跟美国、欧洲和印度的同事打交道,主要通过电子邮件沟通。弗里德曼说,诗歌工作室帮助她掌握了新的沟通方式和解决问题的战术,这些技巧在双方情绪激动时尤其奏效。

她说:"我让一个美国人和一个印度人沟通,可是他们谁也不听谁说话。写了几句诗歌以后,我终于让他们明白,彼此倾听、努力理解对方的观点是非常重要的。我用诗歌来让一方住口,不要继续在一个问题上纠缠不休。"

皮纳德讲了一个故事:有一名保险管理者在上过一堂管理课后兴高采烈,他乘飞机回家的路上,高兴得一路都在写诗。她说,他现在大多数时间都在写诗,有时是自己一个人写,有时是跟员工一起写。

指导诗歌写作的老师提出了七个小窍门,用来提高商业写作的技艺。

把它写下来

写出初稿,你知道自己会写第二稿,可能还会写第三稿。亨利说:"大多数优秀的诗人明白,他们写的每一首诗,初稿都是拙劣的。但是,他们必须把初稿写出来。许多商业写作者是下肢瘫痪的作家。他们坐下来,眼睛盯着电脑屏幕。他们一点儿思路都没有。他们把电脑推开,这只让他们感到压力更大了。"

他接着说:"创造力强的作家、尤其是诗人明白,最重要的是把它写在纸上。它成了你加工润色的基础。然后你可以对它进行修改。"

用主动语态

被动语态是自我开脱的做法。亨利说:"很多时候,商业写作注重被动语态,比如'损失了1 400万美元'。在企业环境下写作,作者也许会感到一种必须虚饰含糊的压力,结果他们不能清楚地表达自己的意思。你必须敢于承认自己犯了错。如果你肯承认错误,人们会更加相信你的诚实,会更愿意为你工作。"

千方要避免套话

不要再写什么从大局出发、脱开眼前的困境考虑问题或者发挥杠杆作用之类的。寻找强有力的、崭新的想象来表明你的观点。亨利称赞 IBM 2000 年的年度报告写得好,它提到了网络经济的崩溃:

这种局面是一年前无法预见的。当时,新兴的网络公司似乎要取代传统产业,由砖瓦和灰浆建筑的传统企业最好双脚并拢跳进电子科技的汪洋大海,否则只会被卷到历史的车轮下毙命。

他说:"由砖瓦和灰浆建筑、双脚并拢跳进和卷到历史的车轮下毙命:这些都是有趣而明白的想象。要用比喻的语言,不要用套话。"

变换句子的长短

"好的商业文案应该像谈话一样,"马克·格莱德(Mark Gelade)是旧金山的一位作家,他给一个企管班级讲授一门名叫"职场诗歌"的课程。"你可以听到语言的韵律。可读性强的语言,句子的长度是变化不定的。长句和短句巧妙混杂,听起来会觉得悦耳。"

尽可能减少用词

格莱德说:"要认真检查你的语言,看看有没有一个词显得拖泥带水。然后,你要继续搜寻,把冗赘的词找出来。"

亨利的忠告是:"要尽量写得简单。把带有几个分句的长句拆成三或者四个句子。短语可以使语言显得活泼。它可以给读者节省时间和精力。如果你的意思表述不清,人们会感到沮丧。"

大声把文章朗读出来

把你写的内容大声读出来,或者至少默念一遍,这样做可以帮助你察觉到它的瑕疵,如果没有读出来,这些地方很容易被遗漏。比如重复、意思含糊、过渡不当和措辞拙劣等,这些问题会跳出来,你听到它们时会感到突兀,因为你勉强把一段文字读下去,念到这些地方时会觉得别扭。

多读诗歌

诗歌并不像许多人认为的那样深奥难懂。举几个简单的例子,现代和当代诗人如比利·科林斯(Billy

Collins)、伊丽莎白·毕肖普（Elizabeth Bishop）、马克·斯特兰德（Mark Strand）和简·凯尼恩（Jane Kenyon）等，他们写的是叙事诗。他们用精练的文笔和抒情的手法，不知不觉地把读者吸引住。加里森·凯勒（Garrison Keillor）编辑的诗集如《美诗》（*Good Poems*）或者前美国桂冠诗人罗伯特·平斯基（Robert Pinsky）跟人合作编辑的《美国人最喜欢的诗歌》（*Americans' Favorite Poems*）等作品，提供了许多可供参考的诗歌范本。平斯基的选本含有读者评论的部分，其中包括企业管理者写的诗歌怎样影响了他们的工作的叙述。

格莱德说："关于诗，一种最常听到的误解认为，它是一些文化精英的专利。但我对莎士比亚的作品研究越深，读得越多，就越觉得，显然，它们更像《低俗小说》（*Pulp Fiction*），而不是学术论文。人们有一条顽固的先入为主的成见：自己不会写诗。可是作为成年人，向自己发起挑战，去做自己未曾想过的事，这也是很有益的。"

参 考 阅 读

Good Poems, Garrison Keillor, ed. (2002, Viking)

Americans' Favorite Poems: The Favorite Poem Project Anthology, Robert Pinsky and Maggie Dietz, eds. (1999, W. W. Norton)

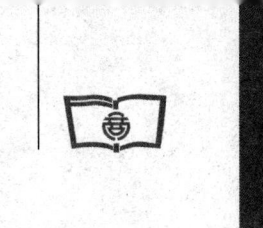

4. 艾恩·兰德论写作

西奥多·金尼
(Theodore Kinni)

4. 艾恩·兰德论写作

西奥多·金尼

恩·兰德(Ayn Rand)认为:"写作是可以学会的。它没什么神秘的。"1969年,这位小说家兼哲学家在16天里,用晚上的时间向一小部分同事发表了一系列不正式的演说,剥去了写作的神秘外衣。她的讲话被录了下来。1982年,她去世后19年,这些讲话经人整理,作为《非小说的艺术》(*The Art of Nonfiction*)被编辑出版。

虽然兰德最著名的作品是两部长销不衰的哲理小说《源泉》(*The Fountainhead*,1943)和《地球颤栗》(*Atlas Shrugged*,1957),但她的后半生几乎全部投入了非小说的创作,她用演说、散文和论文的形式传播着自己的客观主义哲学。客观主义过去和现在都是受到争议的,但兰德总是让它明白无误地得到阐释,令人难以释手。

虽然兰德取得了辉煌的成功,她却不是天生的作家,至少不是天生的英语作家。1926年,兰德20岁。

这一年她离开俄国来到美国,那时她的英语说得磕磕巴巴,还不会用英语写作。她花了几年工夫掌握了这门语言。在她的整个事业生涯中,她一直在努力提高自己的语言技能。

兰德说,可以触动读者进行非小说写作有三个重要因素,那就是"明晰、明晰、再明晰"。除了这一点,她深信,写作首先源自潜意识,不要干涉潜意识的思想。一旦初稿写在了纸上,修改和润色工作就开始了。要想写得像她本人的作品那样明白晓畅、能够打动读者,下面是她提出的几点窍门。

缩小主题和标题的范围

兰德建议,作者在开始写作之前,要先回答下列三个问题:

➢ **我要写什么?** 给题目下定义,要保证在这个标题所涵盖的范围内,你可以充分对它展开论述。

➢ **我想就这个问题说些什么?** 明确文章的主题,即你想要澄清的观点。

➢ **我要说的内容会让人耳目一新吗?** 兰德告诫说,如果答案是否定的,那么干脆不要把它写在纸上。

判断读者的类型

我们大多数人,当然包括所有的商业写作者,都是面对读者的。所以,要想使文章具有说服力,就要分辨我们所针对的目标读者有哪些特征。

制订写作计划

像许多经验丰富的作家一样,兰德对写作提纲的作用深信不疑,她建议做两个试验来检验提纲的完整性。第一个是精髓试验:只有提纲作为一个统一的整体可以被人理解,它才是完整的。兰德说:"如果你脑子里没有一个清楚抽象的结构,你就不能把握这个题目的总体观点,也想不好它究竟该写些什么,这就会出现问题。"

第二个试验检验的是最后的因果关系。这个试验是兰德从亚里士多德的哲学观点中吸收的。它说明,如果你写出提纲,并详细指明了各种因果之间的逻辑演进,这些关系都能证明你已经得出的结论,那么这个提纲就是完整的。

调动潜意识的思维去打草稿

兰德深信人类的潜意识具有很强的创造力。她说:"写作时,你必须接受一个前提:即不管对错,都是我的潜意识在写作。"兰德建议,你要不停地写,要尽可能地调动你的潜意识,不要琢磨每个句子的措辞。避免不由自主地对句子进行润色,或者对初稿进行重大修改。要努力流畅地、一气呵成地写下去。兰德说,这样做可以最大限度地调动大脑的思维,尽可能减少修改润色的必要性。

理智客观地修改润色

兰德提出对文稿三个层面进行修饰润色的方法。

第一,注意作品的结构。在这个层面,你要保证它的展开合乎逻辑,这是对读者智力的尊重。

第二,注意语言的明白晓畅。你要保证,你的写作准确地表述了你想要澄清的问题。兰德提醒作者,文章不要写得过于晦涩,即不要把太多内容塞入一个句子或者一个段落;也不要旁若无人地自我倾诉,即作者按照自己心目中的既定顺序,想当然地对读者大发

议论。

第三,考虑文体。她提出了下面的窍门:

- 不要把简单的思想复杂化。
- 语句越简单越好。
- 不要用嘲讽的语气,不要用表示贬义的形容词,避免不适当的幽默。
- 不要写陈腐庸俗的套话或想法。
- 不要滥用同义词。

参 考 阅 读

The Art of Nonfiction: A Guide for Writers and Readers by Ayn Rand; ed., Robert Mayhew (2001, Plume)

5. 一种文体不能普遍适用

约翰·克莱顿
(John Clayton)

5. 一种文体不能普遍适用

约翰·克莱顿

终于得到许可,可以开发你最看好的项目了。你深信,这个项目不仅会成功,还能给公司节省不少钱。因为公司在过去的几个季度一直是收支持平或者略有亏损。你的创意是生产一种极有可能盈利的针对特定市场的产品,它可以在公司现有的一家工厂的停工期生产,所以风险很小。

看起来万事俱备,现在,只有一个问题横在你面前,阻止你走向辉煌的胜利:计划书。

你写了20稿,可是总也写不好。你考虑了计划书的读者,首先它要给你的经理看,接着是部门副总,然后如果一切顺利,它会交给董事会。你的经理是个只重结果不问其他的家伙,他只想听到事实,而且要尽可能简短。部门副总则更偏重于全局性的思考;她喜欢看到一份计划书符合它的背景。你对董事会可能作出什么反应没有一点线索,不过你猜想,他们的态度跟副总怎样向他们表述这个问题大有关系,所以副总是你真正要跨越的障碍。

方方面面的因素你都考虑到了，可是总觉得还漏了点什么。上面提到的这些人每个月要读几十份计划书。你的计划书怎么才能让他们眼前一亮呢？你怎么说服他们相信，这份计划书与众不同，应该得到批准呢？

这时候，你就要认真考虑你所写文章的体裁。

安妮·博福特（Anne Beaufort）是《在现实世界里写作》（Writing in the Real World）的作者。她说："体裁不是指一篇文章属于悬疑故事、科幻小说还是爱情故事。每一种被重复使用的写作格式都有它的惯例。"不管你写的是计划书、新闻发布稿、现状备忘录还是实验报告，它很可能属于一种体裁。如果你能尽快确定它的体裁和惯例，就能又快又好地写出符合要求的文章。接下来的秘诀就在于你要充分地达到这一体裁的要求，对它了如指掌；你要大胆地突破它的一些表面的约束，可以从平庸者中间脱颖而出。这是写作过程中必须正确对待的最棘手的难题。

博福特追踪了四名雇员在一年内的表现，观察他们在一家非营利就业服务机构工作期间的写作情况。她发现，这些研究对象的写作大多属于五六种体裁中的一种，比如内部备忘录、致客户的信函、计划书或者新闻发布稿。体裁决定了文件的基本性质。

修辞特点。 每一种体裁都要满足读者特定的期待

和需求。比如会议记录,读者期待会议记录以书面形式记下会上发生的事情,更具体地说,会议记录要总结会上作出的决定。读者需要用会议记录来持续地追踪组织战略的最新变动;因此,人们对它的期望与客户对产品信息、供应商对产品规格的期望不同。对于开发新产品的计划书,它的体裁要求你从一开始就明确这份计划的利益所在,它可能给公司带来哪些好处,要用几句话简单概括。想想开头该怎么写,忙忙碌碌的副总才有充分的理由继续读下去。

> 你对各种体裁的写作逻辑和目的了
> 解得越深入,你的写作就越有效力。

内容。举例说明,开发新产品的计划书要包括开头、描述新产品基本情况的较长的正文、对新产品的开发将会对公司提出哪些要求的陈述(包括成本和利润分析),最后把新产品放在公司总体目标和使命的宏观范畴有什么意义的内容。再看会议记录,会议记录要包括在会上讨论过的问题的总结。最近争取到的合同、新的着装规范或者最新招聘的员工等,不管读者多么重视这些问题,如果会上没有讨论,它们都不该出现在会议记录里。

结构。每种文件都有它安排内容结构的指导原则。例如,新产品开发计划书必须遵循日理万机的管理人员的思路。所以，每一节都要写明标题，与其他部分隔开。想办法给自己一个机会，让你的上司给计划书留出30秒、2分钟、可能持续30分钟的从头到尾的阅读时间。如果上司想看到更多具体举措，那么她也许会跟你或者你的工作组单独会谈，这样效果更好。

文体要素。你必须明确一种文体使用什么语言、术语和格式是适当的。举例说明，备忘录遵循固定的标题格式，它画一条线来表明备忘录由谁发出，对象是谁，写明了日期和主要事由。此外，备忘录的对象通常是对它内容里的问题十分熟悉的人，所以它与涉及相同问题的其他类型的文件相比，对背景的说明可能比较少，而使用缩略语比较多。在企业计划书里，专门用语则应该尽量减少，不过也不要彻底删除。如果用得得当，专门用语是在向读者发出信号，表示认可读者在这个特定领域是专家。专门用语应该与简单、清晰的措辞和主动语态相联系。

约翰·M. 斯韦尔斯（John M. Swales）在《体裁分析》（*Genre Analysis*）一书中指出，作为时下流行的表示类别的词，"体裁"现在被用来指代如音乐类型、总裁媒体发布会、比赛节目和大型玩具等五花八门的事物。但是，在反复应用的、带有特定目的的书面文件这个具体意义上，"体裁"值得引起我们的注意，因为它既明确了修辞要求，又进一步推动了沟通目的的实现。举例

说明,简历这个体裁就具有明确的目的（主要是找工作）;而且它已经形成了典型的结构、外观形式和语言标准,因为这些标准是完成目标的最好办法。

> 不管属于哪种体裁,你都应该为读者提供一份好作品。它们应该具备的基本特征是:明白、简洁和留白。

怎样识别文件属于哪些体裁呢？斯韦尔斯建议你采用下面的标准:

体裁是在特定环境下的书面沟通。它可以司空见惯（如超市收款台的指示）,也可以隆重而稀罕（如教皇通谕）。它的读者覆盖面可宽可窄,但是正如"书面沟通"这个词所暗示的,我们注重的不是文件或发言,而是把信息传达给特定读者的过程。开发新产品的计划书之所以棘手,是因为它其实牵涉到三次沟通:对象分别是经理、副总和最后的董事会。为了这三次沟通,很可能你要准备三份不同的计划书。

体裁有具体的一种或多重目的。你要写一份关于新的政府事务副总裁的新闻发布稿,它的主要目的是吹嘘公司新聘的领导人。但是,此外,它的目标可能是为他塑造公众形象和暗示下一年的立法日程。对它可能隐含的目标进行深思熟虑是有好处的。举例说明,你写新产品开发计划书,是希望产品给公司赚钱。可是,部门之间的竞争怎么办呢?它在公司该占有多大的分量?你是该点到即止呢,还是明确地为它要求一席之地?公司内部有没有反对部门竞争的规章制度?

这些目标影响着体裁的结构、内容和风格。举例说明,斯韦尔斯比较了通知好消息("我很高兴把这份工作交给你……")和坏消息("我遗憾地通知你,你的申请被委员会驳回……")的相同之处。通知好消息的目的之一是让你迅速作出积极的回应;所以它是私人的、感性的。相反,公事公办的、不带感情色彩地通知坏消息,是为了发出沟通已经结束的信号。计划书的基本目的是推动官僚机构抓住机会,尝试某种新的举措,对官僚机构而言,抓住机会采取行动向来是令人头疼的。于是,它用来刺激官僚机构的奖励就是,这次机会也许能赚钱。

读者也许没有深刻地意识到所有这些目标。的确,就连作者、尤其是新手也可能不明白,一种写作体裁居然可以达到多种目的。最后一点是,为什么在大多数情况下,遵循既定的体裁格式是最可取的。为了让你的文章脱颖而出,你要保留一些能让人觉得耳目一新的关键要素。但是,很多格式在长期应用、达成多种目的的过程中,已经形成了固定的逻辑和原则。博福特说,你对各种体裁的写作逻辑和目的了解得越深

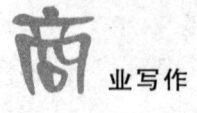

入,你的写作就越有效力。她采访过一位拨款申请书的作者,他谈到了自己与政府的拨款程序斗智斗勇的故事,最后他才明白,在政府的出资代理机构的日程安排上,运用这一体裁还有"更深刻的目标"。

人们对体裁这个概念莫衷一是,专家们对此视而不见。举例说明,新产品在行业媒体上与在消费媒体的发布稿属于不同的体裁,对此没人想要争辩。重要的是,大多数体裁的文件都遵循一些惯例来实现目标。定期写作某种体裁的文稿的人,对它的惯例了如指掌,虽然有时候自己并没有清楚地意识到这一点。新手掌握这些惯例最简便的办法是模仿成功的例子。一旦你对一种体裁了解得十分透彻,就是可以开始尝试写作了。要小心地尝试。成功的关键在于达成人们对一种体裁的基本预期,然后,用一两种精心酝酿的具体方式使之有所升华。有一条屡试不爽的规则:风险太大时,不要贸然进入一种新体裁。你的至关重要的新产品计划书,不能是你写作的第一份计划书。如果你是一名新手,那么你要先向掌握诀窍的人士请教,至少要多研究一下此前取得成功的计划书的例子。

模仿范例会产生唯一的危险:你选择的例子不够好。沟通顾问李·克拉克·约翰斯(Lee Clark Johns)在她的文章"档案柜的性生活:职业写作顾问的见解"(The File Cabinet Has a Sex Lif: Insights of a Professional Writing Consultant)中指出,盲目地模仿你在档案柜里找到的东西,也许只会重蹈覆辙,结果不能满足读者的需求。

约翰斯认为,不管属于哪种体裁,你都应该为读者提供一份好作品,它们应该具备的基本特征是:明白、简洁和留白。你的写作还要体现一种结构:即文件的开头就明确地陈述了观点,这是商业写作的一条本质要求,因为读者没有耐心,他们必须从一开始就看到哪些内容对自己是适用的。

她还反对许多商业文档的"学究气":专用长句、被动语态和过于正式的词汇。遗憾的是,有些作者(尤其是年轻的、没有安全感的作者)认为,这样才会显得专业。但约翰斯却说:"我从来没有听哪怕一位企业管理人员说过:'请用堂皇的词汇和长句子打动我。'我认识的许多人多是抱怨,他们不得不看的文件写得太复杂了。"

当你对一种体裁的写作积累了丰富的经验时,可以考虑抛开它的惯例。这一点也许尤其适用于指导别人写作(写什么、怎么写)的经理们。你对该体裁的读者、它的多重目的、你想要读到的内容心知肚明。现在,到了该看看档案柜里的范例能不能达成该体裁的多重目标。

博福特(Beaufort)说,根据她对人们在职场中的写作情况的追踪,她发现了一种类似的现象。伯吉特

（Birgit）现在已经成为一名老资格的拨款申请书写作者，对就业服务代理机构的拨款计划书的体裁了如指掌。博福特请伯吉特回过头去，重新读一读自己早年撰写的拨款申请书。伯吉特给她的答复是："难怪我当初没有申请到那笔拨款！看看我都写了些什么！"事隔多年后回头再看，伯吉特可以看出，当年，自己在某些方面违反了该体裁的惯例要求。

这个故事证明，博福特为渴望提高写作技能的商界人士提出的建议是中肯的：写作要不断地自我反省。她建议保留自己写过的几份文件，它们可以分属不同的体裁，然后每隔一段时间，就评审它们的写作水平。每份文件怎样符合或者违反了它的体裁的标准？这些选择怎样满足（或者为什么没有满足）读者的需求？每份公报的效果怎么样？它实现了你渴望达到的预期结果吗？它是不是必须多次撰写，反复修改？"失败"的文件告诉你，读者还有哪些需求？

写作时不断地自我反省，这是你必须独自承担的责任。事实上，经理们甚至可能不给你的写作提出反馈意见。经理关注的是效果：要能招徕客户，计划书要得到批准，要可以影响公众的观点。你写的文稿怎样达成了上述效果（或者为什么没有达成上述结果）？你要作出自己的体裁分析，以回答这些问题。

参考阅读

Writing in the Real World: Making the Transition from School to Work by Anne Beaufort (1999, Teachers College Press)

Genre Analysis: English in Academic and Research Settings by John M. Swales (1990, Cambridge University Press)

"The File Cabinet Has a Sex Life: Insights of a Professional Writing Consultant" by Lee Clark Johns in *Strategies for Business and Technical Writing*, 4th ed., edited by Kevin J. Harty (1999, Allyn & Bacon)

第四部分 应对特殊的写作挑战

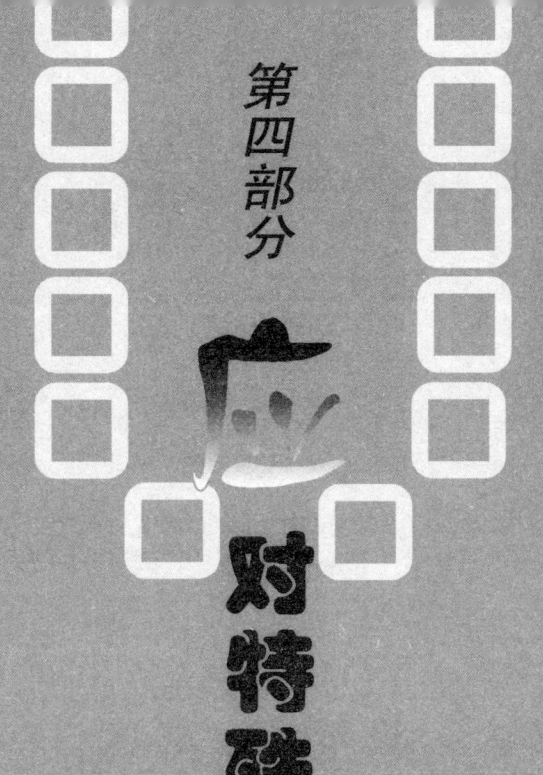

我们的时代是以越来越频繁地使用电子邮件为标志的，经济发展的推动力是来自于高科技，人们承受着日益加大的快速接受书面信息并果断采取行动的压力，所以经理们在完成写作任务的过程中也面临着新的挑战。这一节选编的文章可以帮助你应对其中一些最棘手的挑战。

在这一部分，你不仅能看到撰写得体的电子邮件的战略，还能读到怎样帮助自己和顶头上司，把高度专业化的创意用深入浅出、通俗易懂的句子写出来，并且具有说服力，使缺乏技术背景的读者也能明白。还有几篇文章则着眼于怎样撰写言简意赅的管理总结，以及怎样保证书面材料的长度不超出篇幅限制。

1. 不要点击"发送"键 ……

尼克·摩根
(Nick Morgan)

1. 不要点击"发送"键

尼克·摩根

1999年,《哈佛管理通讯》(Havard Management Communication Letter)上刊载了一篇文章,大胆地提出了我们称之为"电子邮件十诫"的忠告。这篇文章引发了广泛而踊跃的评论,都是关于电子邮件这种全新的沟通方式在公司的经营活动中的作用。现在,我们该回过头来,看看这份十诫中的哪些戒律仍然有意义,哪些戒律需要修改,是不是有必要提出新的十诫。

今天,我们都对电子邮件的使用更加娴熟。不肯使用电子邮件的老年人基本上很少了。的确,在2001年,老年人构成了增长最快的电子邮件新用户群。可是,随着第一份电子邮件的发送,我们的一些坏习惯还没有改掉,又出现了新的问题。

1999年的重大问题是已经超负荷的信息量,由于电子邮件的广泛使用而愈加恶化。专家称电子邮件是一种几乎"没有摩擦力"的沟通形式,这意味着它很容易执行：你不用去邮局甚至不用买邮票，就可以发送信件。只要一按发送键，你就可以把自己的想法铺天盖地地满世界传播。

今天，这种局面几乎变得根深蒂固了。在现代的美国企业，人人都使用电子邮件，人人都要处理大量由此产生的垃圾。除了垃圾邮件，现在还有在网页上跳闪的广告和其他形式的让人恼火的东西。我们每天都得把有用的信息和垃圾邮件分开，这些广告之类的垃圾使分类工作变慢了。

怎么应对这种更加紧迫的危机呢？道格拉斯·尼尔（Douglas Neal）是CSC研究服务机构的一名研究人员，他倡导采取积极姿态，控制电子邮件的流量，尤其是要教自己的同行学会明智地使用电子邮件。他说："重要的是，你必须行动起来，不要坐以待毙。你必须回报那些做了好事的，还要告诉那些做了错事的人，他们错在哪里。不要生闷气，行动起来改变现状吧！如果现在一味默默地承受，今后也只能默默地承受！"

尼尔建议，处理电子邮件可以分两步。他说，首先，对你收到的电子邮件进行分析，它们是有用还是没用，收到这两类邮件的频率各自是多少。然后，委婉地通知那些定期给你发送用处不大的电子邮件的人，不要再这么做。尼尔指出，是否超负荷是因人而异的：有人每天看10封信就头昏脑涨，还有一些人每天可以轻松地处理100封邮件。用一周左右的时间，对你收到

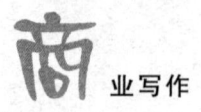

的电子邮件进行分类整理。然后对它们进行组织,同时想办法解决你经过分析看到的问题。

短时间内,电脑系统仍然建议你每天启动"搜索"程序对电子邮箱进行监控。浏览收到的全部邮件,首先删除垃圾邮件。然后根据是否有必要采取行动把它们归类,就像处理书桌上放在收文篮里的纸质文件一样。效率专家告诉我们,办公室的文件要一次处理完毕,只看一眼就要决定该把它丢掉、归档还是放在"有待处理"一栏里。你可以用同样的方式管理泛滥的电子邮件。

1999年电子邮件一下子变得浩如烟海,我们提出了十诫。除了太多太滥的问题,十诫还指出:还有一些时候,在点击发送键之前三思而行,也许更可取(考虑到今天电子邮件的用户更加成熟的实际情况,我们修改了当年提出的十诫的一些措辞)。

只在电子邮件是最有效的沟通渠道时,使用电子邮件

三年前,我们说:"大多数人似乎忘记了这是电子邮件。它其实是你爷爷的爷爷用过的沟通方式的现代版:信件。用现代化的电子邮件来传递简短的、不正式的、既可读又可写的信息最合适。如果不属于这类信

息,最好还是用别的方式处理。"

这条建议在当时是中肯的,现在仍然适用。实际上,我们现在的沟通渠道更加五花八门,人们有了更多选择:即时信息、写字板、聊天室,甚至以青少年群体为对象的电子聊天工具。

> 电子邮件即使删掉,也可以被恢复,在法庭可能被你的敌手用做对你不利的证词。

许多沟通渠道都比电子邮件更快、更迅捷,最关键的是,更容易销毁。电子邮件是永久性的,所以有些弊端。如果你要把一部分内容打印出来,可以用电子邮件。在企业界,需要打印的文本应该限于特定的请求、征询和回复。换句话说,它们都是日常工作的重头戏。

对于闲言碎语、背后诋毁、同行之间打听内部消息、泼凉水的话,还有其他在职场上起到改善心情、润滑同事关系作用的愉快交谈,要用电话或者其他电子形式,因为它们的记录不像电子邮件那么完整。甚至可以选择面对面的交谈!关于这一点详见后文。

对于效力较为持久或者影响较为深远的信息,你可以考虑写一封信:用精美的文具写好正文,亲笔写明日期,署上名字,通过邮局投递出去。你会惊讶地发现,在这个电子化的、一切稍纵即逝的时代,一封手写的传统信件可以发挥多么重大的个人影响。

不要把电子邮件打印出来

这条戒律没有经得起时间的考验。过去,我们曾经尝试过无纸化办公,以减少对树木的砍伐。但是,由于我们社会纠纷易起,官司频繁,你也许很想把自己发给别人或者别人发给自己的电子邮件打印出来,留做证据。当然,我们都明白,电子邮件即使删除,也是可以恢复的,那么,干吗要冒险呢?把它打印出来。让懊恼之情一闪而过:无纸化办公绝不可能在不久的将来实现,这是不可否认的事实。

托尼·迪罗穆多(Tony DiRoumualdo)是一位战略和IT研究人员。他说:"我们不应该忘记,电子邮件是一种持久而有力的媒介,它对公司构成真正的、严重的威胁。的确,为此,安达信与安然丑闻给我们提供了许多教训。如果电子邮件被用于错误的目的,它可以产生可怕的后果。在电子邮件里,如果有一句话你不希望在某个时候被全世界的人看到,就不要把它写下来。"但是,如果你决意要在电子邮件里写一些可能被人提起诉讼的内容,那么保留一份复印件作为记录。

如果内容要求严谨细致、万无一失，不要用电子邮件发送

时间的推移让我们更加坚信自己的观点是对的：这条戒律十分中肯。我们当时就认为："在电脑屏幕上，要想把错误全部改正是绝对不可能的。"现在，这句话还是那么正确。如果一篇文稿必须一字不差，那么把它打印出来，拿一把老式的尺子比着，放慢速度，一行一行地读下去。然后再从后往前读一遍，逐字检查。记住，拼写检查程序不能指出那些拼写正确、但用法错误的词。最后，还要请别人来为你读一遍。

不要把地址簿里的名字删除

这条忠告仍然有一定的适用性，尤其是对那些在虚拟世界受到挑战的人。不过，它似乎不是我们今天在虚拟世界遭遇的最大挑战。保留一份及时更新的地址簿，了解它的用法可以帮助你节省时间。不过也节省不了多少时间，除非你喜欢像发送广播稿一样群发邮件。为什么你喜欢群发呢？群发通常来自垃圾邮件，它是信息过剩问题的核心。

不要转发别人转发来的电子邮件

在过去几年里,这种烦扰一点没有减少!这是一种普遍遭到人们强烈谴责的做法,可是,我们的熟人当中总有人这么做。我们大多数人也承认,自己在某个星期五的晚上也转发过别人转发来的电子邮件,当时其他人都早早下班回家,只有自己还困在办公室里无法脱身。

在愤怒或者疲倦时,不要发送电子邮件

这是一条十分中肯的忠告,当时我们还没有完全意识到它的价值。举个例子,你看看微软公司的重头人物发送的电子邮件把自己送上了法庭,他们当初可没想到这个结果。我们都可以从这个例子中汲取教训。法律上,电子邮件的所有权属于提供了操作系统和链接的公司。你作为个人没有隐私权。法庭可以从公司获取电子邮件的记录,就像发生在微软的情况一样。千万不要把你不希望在法庭上传阅的内容写在电子邮件里。切记。

不要在电子邮件里传播
关于真人真事的谣言，不要影射

我们再次提出这条忠告，是由于想到了那个英国人。他在电子邮件里吹嘘自己头天晚上的性冒险，结果，这条消息在几个小时内被人散播到数千人的电子邮箱里。一定要避免传播关于仍然在世的真人真事的错误信息。否则过后，它会给你带来无穷的麻烦。电子邮件即使被删掉，也可以被恢复，在法庭可能被你的敌手用做对你不利的证词。

不要在电子邮件里传播
关于你所在的公司，或者将来
可能去任职的公司的谣言，不要影射

前几年，传播公司信息的做法得到长足的发展，进而变成了通过网站传播。大多数公司至少有一个模仿它们、诋毁它们或者剖析它们产品的流氓网站。显然，这条建议只适用于遥远的、早已成为过去的时代，比如1999年。这些网站的确很方便，你需要考虑要不要接受某公司聘任时，可以参阅其网站。

不要用电子邮件
代替必要的面对面会谈

用电子邮件解聘员工引起哗然的故事层出不穷,这些故事无疑证实了这条原则的重要性。我们当年说过一些话,许多经理人该把这些话装裱起来,挂在办公室醒目的位置:"不要用电子邮件批评、奖赏或解聘你的员工。如果这么做,他将遭到特殊的地狱般的报复。从道义上来说,不管棘手与否,我们有义务亲自出马处理这些事务。记住,如果你想说服别人做一件事情,或者别人想要说服你做一件事情,没有什么方式可以代替面对面的谈话。"

记住这个顺序:
先会面,再打电话,接着
是录音电话,然后才用电子邮件

这条戒律仍然成立:要想取得最好的效果,选择开一次会。面对面时,你可以得到更多的信息。打电话看不到对方的身体语言,但是留下了语气和活生生的谈话。录音电话记录了声音,但是没有当面的交流。

电子邮件既没有现场感,又缺少极其微妙的层次感。所以才出现了用电子邮件开玩笑引起无数误解的故事,为此人们还发明了用来表达情绪的,虽然恼人却必不可少的小图标。

最后的得分情况:当年提出的电子邮件十诫,其中80%仍然成立。另外20%左右不再成立,或者变得无关紧要。那么,我们当年没有提出、现在可以提出的忠告是什么呢?只有一条,即我们的第十一条戒律:

> 电子邮件可能遭到黑客侵袭,即使删除后也可以恢复,它可以被用来对付你。只在绝对必要时使用电子邮件

如果用法得当,电子邮件是一种极其有效的沟通形式,但是使用时要小心。它是爱打官司的人的天堂。

2. 怎样教技术人员写文章

约翰·克莱顿
(John Clayton)

2. 怎样教技术人员写文章

约翰·克莱顿

一则古老的笑话说,工程师是宁可把电话拆得七零八落,也不肯用它给母亲打电话的那类人。这则幽默其实揭示了工程技术界一种习以为常的现象:有时候,工程师密切关注一样东西怎么使用,结果忽视了这个东西更大的意义和价值。

专研精神对工程师的工作大有帮助,可是如果你是工程师的上司,有时专研精神却会给你的工作造成困难。假设你想争取得到公司的更多资金投入,你要为此作出令人信服的陈述。如果你的工作小组里的技术人员不能以充分的说服力指出,他们提议的项目将会获得基本的商业报偿,你的申请多半会不了了之。

值得庆幸的是,你可以采用一些战略,帮助你的下级工程师和其他技术类人员撰写明白晓畅、切中主题的说明性文章。

工程师的写作方式是怎样形成的

弗里斯州立大学的丹尼尔·丁（Daniel Ding）教授是专门研究科技文献写作的。他说，工程师们的性格特征和所接受的教育对他们的工作大有益处，这一点值得肯定，他们的工作大大改善了我们的生活。他们的成就很大程度上来自于动手操作。所以，对他们来说，实物是最重要的，是他们工作、设计和操作的对象。工程师的语言自然是反映了他们的所思所想，所以他们会写冗长啰唆的文章，通篇都是名词和被动语态的堆砌，比如"菲利普牌十字头螺丝功锥旋转 $5\frac{3}{4}$ 周，把尺寸为 $10-32-1\frac{3}{4}$ 英寸的木钳钉入山核桃木"。

而且，工程师往往喜欢围绕他们对某个工程体系的理解来组织文章的思路。而他们的经理和其他同行不是工程人员，对这个体系的结构以及其作用原理不那么关心，他们更关心的是这个体系作为整体，可以帮助他们取得什么成绩。

工程师还有一种倾向，就是不肯向不懂自己专业的外行传达思想，因为他们不知道该怎么跟外行沟通。巴巴拉·布赖恩（Barbara Bryan）是受过写作训练的工程师和独立的商业作家。她指出："我们都喜

欢待在自我感觉良好的区域内,对于工程师来说,这意味着他们也许根本没有跟普通人用日常的英语说话的经验。"

因此,工程师不懂得该怎么写,非专业读者才能明白。罗恩·塔利(Ron Tulley)在凯塞西储大学(Case Western Reserve University)为工程学专业的学生教授写作课程。他说:"工程师与非专业读者之间存在巨大的专业差距。工程师们很害怕自己的解释过于简单,像是对傻瓜说的。"

此外,也有一些工程师和技术专家觉得,写作是强调主观随意性的领域,他们对此很不习惯。技术工作是必须一丝不苟地遵循各种精密复杂的活动。写好文章也是一项复杂的工程,但它们所用的材料不那么具体和绝对。所以,习惯了丁是丁卯是卯的工程师,不肯在客观性较弱的领域费工夫。

提高工程师的沟通能力

要推动所在企业的部门利益、进一步促进事业发展,技术类人员有时必须把自己的专业知识传授给门外汉。经理们可以用下面四种方式帮助他们达到这个目的:

> 要想更好地与工程师沟通，
> 就要学会使用他们的一些语言。

(1) 明确读者的要求

保罗·安德森（Paul Andersen）是俄亥俄州迈阿密大学创作中心的主任。他说："工程师面临的问题跟我们大家一样：怎么描述我们的做法，才能对别人有用？"工程师习惯了解答其他工程师提出的疑问，而经理们提出的问题往往必须满足另外一些不同的需求。所以，你必须把这些需求的差别表达出来。安德森说，一旦工程师搞清楚了读者想要什么，他们就会发现，用单独的句子把它写出来变得比较容易了。

举例说明，假设在一家汽车公司供职的冶金学家正在研究某种模型的活塞杆为什么经常断裂。她也许想要表述自己的研究结果，用特定的术语、环环相扣地说明她发现的问题，并回答这个领域的其他专家可能提出的疑问，就像在面对另外一群冶金学家讲话一样。

但是，探讨活塞杆的冶金性质对设计部门的工程师没有帮助，他们想听到的是重新设计这个系统的信息；对经理们也没有帮助，他们想知道的是问题的解决要花多长时间，哪些流程会受到影响。

安德森说，经理越能准确地识别哪些问题需要解决，工程师就越能积极应对挑战、并取得成功。他说：

"写作的着眼点要放在可操作性上，而不是可读性上。"工程师很清楚读者会怎么使用文件，他们对可读性的概念一般比较含糊。

怎么才能把读者的需求表达得更具体呢？你可以试着虚拟面对一名具有代表性的读者，一切问题都要向他详细描述。艾伦·库珀（Alan Cooper）是《疯子在掌管疯人院——高科技产品怎么把我们逼疯，我们怎么恢复理性》(The Inmates Are Running the Asylum: Why High-Tech Products Drive Us Crazy and How to Restore the Sanity) 的作者。他建议给工程师预设一位读者，它是虚构的，要求却又非常具体。既然工程师习惯于操作实物，他建议，把这个人物描述得具体一点，他要有姓名、有相貌，要让这个假想的人物栩栩如生。"举例说明，我们不说埃米莉在使用商业软件。我们说，埃米莉用 WordPerfect Version 5.1 给奶奶写信……（她驾驶）一辆深蓝色的 1999 丰田凯美瑞，后座上绑有灰色的塑料儿童坐椅，后保险杠上还留有一块难看的刮痕。"

(2) 深入钻研

当技术专家面对外行讲话，感到沟通不畅时，要跟他们坐下来，向他们提问，看看他们在哪些问题上可以作出你希望听到的答复。布赖恩说："我不断地问，让他们考虑的问题涉及适当的层面。你这种假设的根据是什么？你怎么让它从 A 到达 B？读者能明白这个词的意思吗？"

凯塞西储大学的塔利（Tulley）同意布赖恩的看法,他说：帮助工程师跨越本学科的范畴,就是要"跟人交流,实现交流唯一的途径不过是练习、练习、再练习"。

(3) 帮助他们安排文件的结构

布赖恩在修改工程师们写的报告时说："通常情况下,我都要重新调整报告的结构。"之所以经常要调整结构,是因为作者没有采用任何一种形式的提纲,或者作者把提纲作为了报告的最后一部分。举例说明,他可能把事实的陈述写在"建议"一节,或者反之,把建议写在陈述事实的部分。布赖恩发现,这个问题让人啼笑皆非。她说："一位工程师写了一份关于地下水研究的报告,他把各章内容胡乱混杂在一起,可是这位工程师做梦也不会想照着这份报告,把工程胡乱完成。"

经理可以帮助技术专家安排文章的结构,办法是给他们写好提纲,或者提供可供参考的范本。作者可以参照具体可见的范本,基本上就像套用公式或者遵循一些原理一样,他们知道那些公式或原理是对的,因为它们经过了验证。

经理还可以采用工程师的一些语言，加强与他们的沟通效果。在把提纲交给工程师的时候，把它叫做流程图又有何妨？大多数工程师很熟悉流程图，它详细说明了要从一种原始状态到达最终的圆满结果所要经过的每个步骤。这也是提纲的最终目的，那么为什么不用它来构建工程框架呢？

(4) 帮助工程师修改文章，使之符合格式要求

你可以跟技术人员一道删去行话，修改语意含混的句子，以此帮助他们写出表达贴切、内容扎实的文章。他们的报告初稿也许含有大量专业术语和被动语态，免除责任的声明太少或者太多，但这并不意味着报告的观点经不起推敲。

怎么删除被动语态的句子，怎么用简单的词汇替换过于正式的用语，有些简单的规则可以作为指导。此外，计算机的文字处理程序虽然远谈不上无懈可击，但它能快速而全面地检查这些规则的应用。不过，这一步最好在初稿写好后进行，不必让作者过多地拘泥于细节，直到她把要写的内容写下来。

文件基本写好后，你要帮助作者安排文件的格式，使信息更加易于理解。用标题、列表和黑体字突出显示重要的条目，有助于透彻地揭示你希望文件传达的要点。这样的格式调整还有额外的好处，那就是它可

以分散听众对文字的注意力,因为文字的支持性可能不够强。

参考阅读

Technical Communication: A Reader-Centered Approach by Paul V. Anderson (2003, Heinle)

3. 实事求是地撰写管理总结 ·······

约翰·克莱顿
(John Clayton)

3. 实事求是地撰写管理总结

约翰·克莱顿

你可以直接对 RFP（request for proposal 的简写，指征求建议书的意思，是发单人向数家承包商征求解决方案建议时，向外招标发放的一种文件）作出回应。比如，你可以描述公司的历史、你方的产品或服务、项目的实施日程和你能够提供的支持。但是，它有一节人人都要阅读的内容，却很容易让人犯错误：管理总结。

管理总结的目的是什么？如果你的回答是总结计划书，那么你最好再想一想。

汤姆·桑特（Tom Sant）是桑特公司的创始人兼《具有说服力的商业计划书——用写作赢得客户、顾主和合同》(*Persuasive Business Proposal: Writing to Win Customers, Clients, and Contracts*) 的作者。他说："管理总结这个词其实不够准确。你实际要做的，是进行一个商业案例写作。"

所以,与计划书的其他部分相比,管理总结要用全新的视角来写,它要有效地在关键信息与富于说服力、内容扎实之间达成平衡。首先,管理总结必须表明,你对未来客户的需求有清楚的理解。为了表明这一点,一个不错的办法是,在管理总结里加入你的服务将为它提供的投资回报率(ROI)。桑特说:"你要描绘它的效果,描绘它对业绩的影响。最好都是可以衡量的实际效果。"

写作时要关注读者的需求

在写作内容扎实的管理总结时,作者要坚定地把读者的需求放在脑子里:忙忙碌碌的管理人员只对他们能获得的基本利益感兴趣,而对具体细节不感兴趣。斯塔西亚·凯利(Stacia Kelly)是Catklaw写作工作室总裁。他说:"管理人员翻阅文件时只看关键词,只看价格。如果他觉得不错,会把文件交给助理,请助理阅读全文。"

巴德·波特-罗思(Bud Porter-Roth)是《撰写计划书——怎样答复和赢得竞标》(*Proposal Development: How to Respond and Win the Bid*)的作者,他基于这个原因告诫写作者:要把最关键的信息放在开头几段。他说:"管理人员也许根本不看后面的内容。"

不过,他提醒道:"撰写 RFP 的人会阅读全文。"所以,管理总结还有第二级读者:中层管理人员。他们会向高级管理层就你和你的计划书发表意见。波特－罗思说,所以一定要让你的管理总结有充分理由代表你进言。管理总结要想触动这两个层面的读者,必须具备下列三点:

(1) 明确需求或者问题

这一点可能比它乍看上去要难得多。波特－罗思说,"RFP 写得糟糕"的情况屡见不鲜,"你也许要明确商业问题,因为由技术人员撰写的 RFP 只看到了技术问题。"

桑特说:"你要说服对方,这个问题是值得解决的。你最大的敌手也许是,对方决定不采取措施,他们要把钱花在别的地方。"

(2) 提出你的解决方案,解释其价值

桑特告诫道:"一定要坚定地提出明确的建议。"例如,你要写一些诸如"我们建议,在全公司范围内使用内容整合管理软件"的句子。然后你要解释这个解决方案的价值。这里,你不要把注意力集中在方案的具体内容上,而要集中在它能给对方带来哪些好处,带来

什么回报。

波特－罗思说:"不要谈论技术细节。你要说一些诸如'这个解决方案能让你减少 5 名员工'或者'使用 CRM 软件技术,你就可以网上回答问题,不必过后再回电话。'"

(3) 提供证明

给出关键理由,说明你公司是提供这一解决方案的理想人选。这里你可以突出自己与其他公司的差别,比如你可以强调你公司独特的方法,也可以简略地叙述过去业绩的案例研究。还有一个办法:你可以把得到满意服务的客户的证词加进去。但是不要陶醉在过去的成功里,不要在不知不觉中,把重点从为未来客户服务,变成吹嘘自己的公司。桑特说:"不是强调卖方,而要着眼于客户。"他有一条经验法则:在管理总结里,提到客户名称的次数一定要是提到自己公司名称的三倍。

使管理总结成为有力的宣传手段

专家还提出下列诀窍,以撰写能够引起注意、赢得业务的管理总结。

用格式和图表来突出重点信息

小圆点和大大小小的标题可以使管理总结便于浏览，而精心绘制的图表可以透彻地说明要点。如果你能通过公开发表的信息找到线索，可以用图表的形式说明客户所处的困境。

桑特说："这样做的确能让他们感到，情况实在是不容乐观。"

要写得明白、简洁和切题

Catklaw 公司的凯利告诫说，把行话去掉。她最不喜欢看到的词包括"世界一流"、"一切齐全即可使用"、"增加价值"和"发挥杠杆作用"。波特－罗思说，要认真修改错误："一定要让别人用全新的眼光阅读管理总结，看它的语法、销售主题、尤其是整体的连贯性有没有问题。屡见不鲜的情况是，管理总结是剪刀加糨糊、胡乱拼凑的。这样的东西一眼就能看出来。"

在使用计算机的编辑模板时，一定要保证你的管理总结与其模板的名称相吻合。桑特说："管理总结要简短，计划书的前 25 页内容要用一两页总结，后面的正文每增加 50 页，管理总结可以增加 1 页。"

利用新技术

凯利说，如果你要用电子方式发送管理总结，可以添上微软 Word 的链接功能："这样，他们很容易点击查看文件的后半部分内容。"

4. 快速删节文章五法

约翰·克莱顿
(John Clayton)

4. 快速删节文章五法

约翰·克莱顿

老板对你花几个星期的时间费心写出的报告作了批示:"很好,不过篇幅要大大缩短。"你十分泄气,想要举手投降。她没有告诉你哪些内容要删,或者怎么删。你的报告不仅囊括了委员会对这个项目作出决策所需要的方方面面的信息,而且把这些信息的结构安排得很好。你心里想:各部分内容环环相扣,逐步加强你的论点,哪一节也不能删。

类似的情况也出现在许多其他地方。比如,你想把发给大家看的发言材料保持在1页纸上,用不超过200字描述一个项目,为一份复杂的、详尽的报告撰写管理总结,等等。下面是几个在不丢失内容的情况下缩短篇幅的小办法。

用心琢磨文章的结构

哪个部分是大梁,必不可少?哪个部分即使抽掉,整座大楼也不会倒塌?

　　有些古老的告诫是关于对文章内容先审阅、再复核的,这些告诫也许适用于冗长的报告和论文;可是,如果篇幅十分有限,情况就变成了相当于3堵墙的重量要由1堵墙来承受。不要宣告你接下来要写些什么,直接把它写出来即可。

　　举例说明,你也许听从过去的英语教师的忠告,在简介段落加入一个句子,综述你即将展开叙述的每个要点。下面是简便的删节原则:删掉简介段落,直接进入正文。

　　此外,你的文章构架过于多,已经超过了必需的程度。举例说明,文章中可能详尽地交代了背景情况。读者真的需要了解所有这些信息才能理解问题,并被你说服吗?如果答案是否定的,那么简短地概括一下,直接进入主题。

　　最后,文案的一些结构也许是不必要的。如果某节内容的存在基本上是摆设,可以把它去掉。除了说明要点的内容,其他一切都可以删掉。

紧扣具体问题

　　具体问题相当于你的文案的肉类食品,泛泛而谈则相当于碳水化合物。你的文章应该成为高蛋白、低

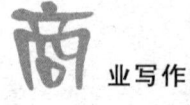

碳的健康饮食搭配。一件足以说明问题的轶事、一个统计数据，比一概而论的含混叙述更能给读者留下持久的印象，往往也更能传达带有普遍性的信息。

想想政客们经常是怎么在演说或者辩论过程中，用宝贵的时间重点讲述一位有名有姓的英雄的故事的。他们知道，讲故事（关于伤兵、被辞退的工人、企业家等）是提出论点（加强武器装备、增加失业保险、降低税收等）的最好办法。

巧妙地使用格式

你首先想到的可能是，在报告里加入图例或者标题会占据更多空间。但是，其实用这个办法，你可以减少传递给读者信息的字数。

标 题

标题是有用的，它们可以明确一份报告的结构，所以没必要再写主题句；它还留出空白，便于读者快速浏览。但标题通常有一定的格式，有时候它用一条线划出来，有时候下面要留一行空格，所以占了很大的空间。如果你既不想让这些空格白白浪费，又不想失去标题，那么，把标题写在段落开头。

表　格

如果你想比较两个备选方案的优劣,可以用表格形式,不要用长篇大论的文字。用了表格,首先你不必一再重复两家公司的名称,也不必重申你的评价标准。更重要的是,表格的形式一目了然地展示了错综复杂的对比。读者尽可能清清楚楚地比较 A 选项与 B 选项、B 选项与 C 选项、或者 A 选项、B 选项和 C 选项的异同;你不必一一列举各选项之间所有的相似性和差异。

表格还有一条额外的好处就是,读者看到表格时,他们的期望发生了改变。他们不再期望读到完整的句子,说明文字的字体小一点可能也愿意接受。

地图和图例

想一想写出一条路的指示要花多长时间:枫树大街在第三个信号灯处。那里的拐角处有一家 Denny 店铺,另一个拐角处是个旧车市场。但是,如果你一直走到标有 Clarksdale 市界的地方,你就走过了。地图可以简便地传达上述信息。流程图和组织结构图也可以指示复杂的关系,让人一目了然。

重点标示

在讲话时,要想提醒听众注意,让听众记住你的话,你也许想用比如"这是整个问题的关键"或者"如果你从这份文件中只领会到一点,那它应该是下面这一点"等这样的话。同理,在书面文档里,把重点信息用黑体字标出,相当于你无声地说出了上面的提醒语。

语气要随和亲切

不知道为什么,人们一写报告就会采用一种郑重其事的、官僚气十足的口吻。这样写的时候,你会选择一些冠冕堂皇的正式用语,并且多用插入语和复句。如果换成一种不太正式的语气,你会意外地发现,自己的句子变短了。

你可以从下面这一点入手:用缩写形式。爱德华·P. 贝利(Edward P. Bailey)在《简明英语在工作中的应用》(*Plain English at Work*)中解释说,这么写不是说把 cannot 换成 can't、把 will not 换成 won't 就能节省多少空间,而是缩写形式可以帮助你避免冗长、正式的官样文章。

转换语气还有一个办法,是直接与读者对话,使用人称代词,比如"你们"。也许你当年有过一位英语老师,他不允许你写作时用"你们",所以你养成了免用这个词的啰唆的写法。举例说明:"办公室的灯在人去楼空之前必须全部关掉"。

但是,在企业环境下,大多数时候都可以用"你们"这个词,它能让你把句子缩短很多。你们离开之前必须关灯。我们的字数从17个减少到10个,节省了50%呢。

删节结合

逐行检查你写的文件的句子,想办法把两句合并成一句,减少用词。看看下面这些句子:

这份发言稿认真分析了外包的好处。我的建议是我们把非核心程序,比如客户服务、实施和其他辅助职能外包出去,以减少管理开支。

第一句话是画蛇添足,多此一举的。把它删掉,改成:

我们可以把非核心的辅助职能,如客户服务和实施等外包出去,以大幅削减管理开支。

现在,你既点明了主题,又陈述了自己就这个问题的立场,而修改后的句子字数几乎比原来少了50%。

如果读者觉得文件的篇幅不太重要，你可以加入大量短语，用来准确地陈述你正在谈论的问题。刚才这个句子里就含有类似的短语：读者觉得像文件似的。很多时候，句子不必写得这么具体。比如，如果我们删掉几个不重要的词，这样一来，句子的字数明显减少，意思却没有缺失。

下面是减少字数的其他一些办法：

去掉过长的头衔

不要写："鲍勃·史密斯是公司负责沟通和政府公关的助理副总裁，他说……"，你可以改成："发言人鲍勃·史密斯说……"。

剔除"显然"

不要写："显然，这意味着我们必须提高价格，但这样一来会降低销售额"。相反，要写成："我们提高价格必将会降低销售额"。在句子里寻找"显然"这个词，看看包含这个词或者包含显而易见的副词的句子，会使内容更精练。毕竟，既然一件事情是显而易见的，何需浪费宝贵的空间谈论它呢？

用短词代替较长的词汇或者句子。布赖恩·A. 加纳（Bryan A. Garner）在《用简明英语写法律文件》

(*Legal Writing in Plain English*)中指出,可以用一些简便办法把句子写得更紧凑。就其本身而言,每改一个句子都可以省出一点空间,它就像节约几块钱一样:最后,把它们连贯起来,整个段落还是有意义的。

把"of"短语转化成所有格

例如,把公司取得的成功(the success of the company)改为公司的成功(the company's success)。

用紧凑的词语代替铺陈的说法

"充足的数量"可以用"足量"来代替;"尽管事实如此,是"尽管"的铺陈说法;"在此期间"的意思很简单,就是"同时"。

用主动语态

一个被动语态的句子里往往包含更多词汇。例如,我们回过头再看看最后的例子。为了不用"你们",于是用了被动句式("办公室的灯在人去楼空之前必须全部关掉"),这个句子比主动语态("你们离开之前必须关灯")更长,更啰唆。

表示数字时,不要同时使用符号和文字

没必要写成"十二(12)人出席了会议",只用文字、或者只用符号来表示即可。你公司的指导手册也许明确规定了什么时候用数字、什么时候用文字来表示数字,但是遵循两条一般规则可以为你节省空间:(1)不要两者同时用;(2)大额数字一律用数字表示(如要写 200 000,不要写成二十万)。

听起来,可能有些窍门很像你听过的关于怎样写好作文的泛泛告诫。这不是巧合:好文章贵在精练。

但是,我们要着手解决的问题是,老板让你把报告的篇幅缩短 30%。用上面的窍门可以帮你完成这个任务。如果她回头又对你说:"你知道,你的文件缩短以后写得更好",这也是对你的奖赏。

参考阅读

Plain English at Work: A Guide to Business Writing and Speaking by Edward P. Bailey (1996,Oxford University Press)

Legal Writing in Plain English: A Text with Exercises by Bryan A. Garner (2001,University of Chicago Press)

第五部分 避免语法错误

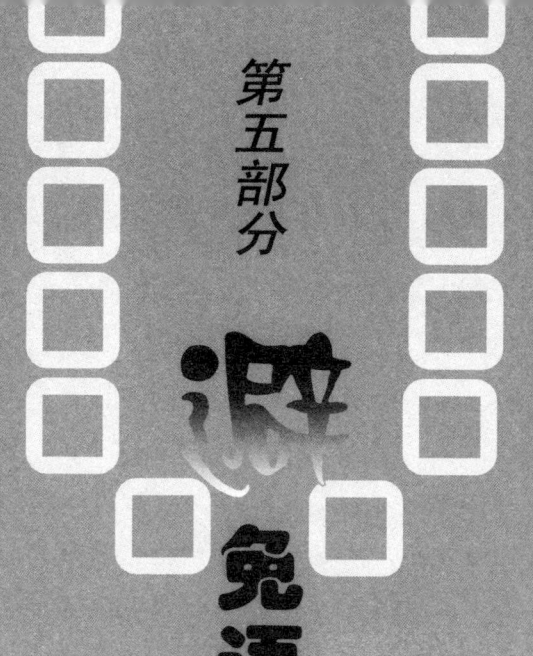

语法规则很容易把人搞糊涂，就连成绩斐然的商业作者也会陷入困境。你希望遵循语法规则，以显示你的智力和对细节的关注。可是你很清楚，你并不是每条规则都心知肚明。况且，你看到周围一直有人在打破众所周知的规则（例如，把不定式拆开或者用断句）。怎么办？这一节选编的文章可以帮你解答这个问题。

这里选编的几篇文章认为，你可以规避自己不确定的语法问题。举例说明，如果你不确定"赞美"的同义词正确的写法究竟是 complement 还是 compliment，你就可以使用 praise，这样就可以避免犯下难堪的错误。还有一篇文章提出了令人信服的理由：有时，最好不要过分拘泥于语法规则。毕竟，有些规则（比如"不要把不定式拆开"）已经过时，遵循这些规则只会让你的文章显得迂腐偏执。

1. 用词不当和其他错误 | 经理人初级读本

克里斯腾·B. 多纳休
(Kristen B. Donahue)

1. 用词不当和其他错误
——经理人初级读本

克里斯腾·B.多纳休

  们看重经理人的是他们的领导能力、管理技巧和远见，而不是他们对语法和标点符号规则的遵从。但是用书面文档进行沟通的能力还是极其重要的。语法错误、突兀的措辞和粗心大意会使文章的内容含糊不清，大大损害一个人的威信。即使写作中犯的错误无伤大雅，也是令人尴尬的。有个发生在现实生活中的真实的例子可以说明这一点：通过一封电子邮件通知雇员关于计算机网络的问题，本来要写的句子是"我们为这一故障可能导致的不便表示歉意"，结果却写成了"我们为这次故障可能导致的无节制表示歉意"。

  所以，我们列举了某些常见的写作错误。

把冗词赘语误当做博学

  许多人想打动读者，建立威信，就会用带有多音节单词的、结构复杂的长句子来表达复杂的思想。结果常常是让人不知所云:"我们的设备制造第三区的最佳业绩经历了低潮。因此,应立即有效地关闭该区,并进行关于现状的调查是刻不容缓的。"可怜的作者没有搞清楚,优秀的商业写作是无影无形的,文章所包含的信息占据舞台的中央,而不是冠冕堂皇的词语。上面的句子可以改写成:"在我们调查得出业绩问题的根本原因之前,要关闭设备制造的第三区"。

陈述不言而喻的内容

一些作者犯了过度写作的错误,他们喜欢在句子里加一些不必要的词语,以强调他们的要点:"我要继续指出,公司计划在2001年提交4种新药进行审批"。很明显,目前的提交程序效率不高。前一个句子"我要继续指出"是多余的;后一个句子意思已经表达得很清楚了,所以很明显是不必要的。

名词用做动词

"名词动用"的做法泛滥成灾,以至于有些用法甚至被收入许多字典,所以有些人得知这些用法原来并不是

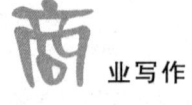

正确时才会感到诧异。不过,坚持语法纯洁性的人仍然对这类用法表示反对,所以你的读者也可能会对它们持抵制态度。要避免一些被用滥的名词动用法:如影响(impact)、激励(incent)、建筑(architect)。

主谓不一致

集合名词,如管理层(management)、团队(team)、小组(group)、组织(organization)和听众(audience)用单数:"执行小组(the implementation team)每周开一次战略讨论会。会后,它(it)分配了下一步行动步骤"。They 和 their 跟集合名词一起使用永远是错误的。如果听起来不对劲,可以重写:"小组成员(the team member)开会……会后他们分配了……"。

避免提到性别

许多作者想彻底避开性别问题,选择用第三人称复数:"客户(Customer)也许没有意识到他们(they)可以要求这项服务"。可是,这是不对的。有三个解决办法:用"他或她"、在每个例子中交替使用男性和女性,或者重写句子,把主语改成复数:如客户(Customers）可能没有意识到他们可以要求……

没有通读全文，检查和改正错误

　　这是写好企业文稿的最后一道防线。最后期限迫在眉睫，思想一时走神，要同时完成好几项任务，这些情况时常出现，所以写作很容易出错。计算机的拼写检查程序可以帮你发现一些简单的打字错误，如拼写错误和重复用词等，但是它对防范比如前面的例子中提到的同形异义词的误用就无能为力了，比如不便（inconvenience）和无节制（incontinence）。避免犯这类错误的唯一办法是仔细通读。然而，把全部写好、经过拼写检查的文件至少搁置几分钟，然后尽可能用全新的眼光再通读一遍。在题目的感情色彩较为浓郁或者非常敏感时，这最后一步尤为重要。

2. 怎样在不懂语法规则的情况下写出正确的句子

约翰·克莱顿
(John Clayton)

2. 怎样在不懂语法规则的情况下写出正确的句子

约翰·克莱顿

你视察一家下属公司,要写一篇报告,在电脑屏幕上打出一个句子:"这里的每个人,就连她(she)都相信数据是有缺陷的。"你停了下来,有点迟疑。"就连她"能这么写吗?听起来好像不太对劲,可是你说不出为什么。如果停下来考虑这个问题,或者查阅语法书,你的思路就被打断了。也许,你又开始踌躇:"相信"是不是该用复数?"数据"是不是该用单数?你脑子里类似的思想斗争每次都会降低你的工作效率,削弱你对自己写作能力的信心。

英语语言具有吸收外来文化和语言的影响的无穷魅力,它偶尔也会提出挑战,让炉火纯青的作者裹足不前。这是一个两难的困境:拙劣的文字给读者发出糟糕的信息,可是中间停下来为语法和词汇用法的复杂性费神,又会浪费时间和金钱。效率更高的解决办法是,制定战略,避开这些泥潭。

既然我们欣然接受用捷径解决别的问题,那么这么做就没什么觉得不好意思的。想一想你怎么心算加法,你会把它们凑成10和100的整数,然后再相加。这不是作弊。重要的是得数正确;你没必要演示自己的算术知识。

这个原则也适用于写作。你没必要向读者展示,你对有些语法规则含糊不清。像做算术一样简单地"凑成整数",用比较容易处理的同义短语代替即可。只要把句子换一种写法,就可以避免复杂的问题。

让我们回头看前面的例子,代词该用"她(she)"还是"她的(her)"呢。"正确"的回答是"她(she)",因为介词指代的是句子的主语(而不是宾语)。不过,你不必懂得这一点才能写作正确的句子。你可以轻松地避开这个问题,复述她的名字而不用代词。可以把句子改成:"每个人,就连琳达也相信数据是有缺陷的。"

现在,有人会对动词"相信(believes)"用得对不对产生疑问。用单数形式是对的,因为"每个人"是个不定代词,不定代词几乎都要用单数。不过,我要再说一遍,你可以重写句子,避开这个结构。比如写成:"这里的每个人(each person),就连琳达,也相信数据是有缺陷的。"

最后还有一个问题,该用动词的什么形式与"数据(data)"搭配。在正式的书面语中,"数据(data)"跟

"标准（critera）"、"媒体（media）"等词一样，是复数代词，所以要用动词的复数形式："data are"。但是，这条语法规则很少有人了解，于是，现在许多专家（当然不是全部）也接受了它用单数形式："data is"。

既然问题的答案是这样模棱两可，最好的解决办法也许是干脆避免：把句子换一种写法，使 data 不需要与动词搭配。"这里的每一个人，就连琳达也相信数据存在缺陷（there are flaws in her data）……或者缺陷削弱了数据的效力（flaws weaken her data）"。

如果你不懂某条语法规则，那么用你懂的语法规则重造句子。只是要小心不要改变原句的意思。

让我们再看几个例子。

"计划书会基于它自身的情况实现优胜劣汰（The proposal will sink or swim on its merits）"。这里的 its 要加撇号吗？正确的语法规则是：it's 是 it is 的缩写形式，而 its 指代所有格（所以这个句子的写法是正确的）。但是，如果你对这条规则有疑问，不必查字典，只要把句子换一种写法即可："计划书自身的状况将决定其优胜劣汰的结果（The merits of the proposal will determine if it sinks or swims）。"

"这项规章制度的成果将使成本提高（The effect of the regulation will be to raise costs）"。这里该用 effect 还是 affect？如果是名词，该用的很可能是 effect（Affect 只有在专门的语境才被用做名词，指做作，装模作样）。所以这个句子的写法是正确的。但是怎么避免疑问呢？换一个词语："这些规章制度的结果是提高成本（The result of the regulation will be to raise costs）。"

这个例子说明，在选择词汇时，你一样可以采用避免的办法。玛丽莲·沃斯·萨万特（Marilyn vos Savant）在《拼写的艺术》（The Art of Spelling）中指出，相似音节词（即发音听起来很相似，但拼写和意思都不同）常常会带来特殊的问题，因为如果你用错了，拼写检查不能察觉其中的错误。她说，容易混淆的相似音节词包括 capital（资金）与 capitol（国会）、complement（补充）与 compliment（恭维）和 palate（味觉）、palette（调色板）等。

如果你遇到一个意思拿不准的词，那么把注意力集中在你希望表达的意思上，而不要放在这个词的拼写上，这样你就很容易想到较好的替代词。不要用 capitol（国会），换作 state house（国会）或者 congress（国会）；不要用 capital（首都），用 Washington（华盛顿）或者 Albany（阿尔巴尼）。不要用 compliment（恭维），用 praise（称赞）；不要用 palette（调色板），用 available colors（可选色彩）。

记住，写作的重点不是炫耀你掌握了多少单词或者通晓多少条规则。你对读者的义务仅仅是：你要精通你所论述的题目，并清楚地把你的知识传递给他们。

一种屡见不鲜的现象是,出现用词不当的问题,恰恰是由于作者勉为其难,想要炫耀自己的博学。比如缩略语 i. e. 和 e. g. 的使用,这两个词组很容易让人犯糊涂,所以常见用错标点符号的情况。你可以避免用这两次词组,换成短语"换句话说(in other word,代替 i. e.)"和"举例说明(for example,代替 e. g.)"。说到底,它们本来就是这两个短语的意思!干吗要用拉丁缩略语来装扮,结果让读者看得一头雾水?

还有人们用惯的 who 和 whom 的问题怎么办呢?苏珊娜·D. 斯帕克斯(Suzanne D. Sparks)在《企业写作经理指南》(Manager's Guide to Business Writing)中指出,who 和 whom 的误用引出了数不清的问题。她举了一个例子:"只要按时完成即可得到奖金(There's a bonus for whoever finishes on time)。"这里是不是该是 whomever?可以,这个问题谁会在乎呢?(或者如果你愿意,这个问题对谁重要呢?To whom does it matter?)干脆让我们换一种写法:"只要你按时完成,就可以得到奖金(If you finish on time, you get a bonus)。"

你只要明白怎么识别问题即可。你不必知道解决问题的办法,只要知道怎样避开它就行了。举例说明,如果你的句子包含介词,比如 to,for 或者 against,用 who 还是用 whom 的问题时有发生。所以,如果你看到自己的问句里面含有介词,你就可以把它改写成一个不含介词的句子。例如,不要写 who are you speaking to?（你在跟谁说话?）这个句子在语法完美主义者看来是不对的。也不要写成 To whom are you speaking?（你在跟谁说话?）这个句子写对了,但是太正式。你要写成 who is your audience?（谁在听你说话?）

注意,这里的核心是重写句子。第一遍写错没关系。实际上,第一遍就写错,反倒更好,因为这样你就可以把注意力全部放在自己的思考上。错误之处恰恰是你要回过头来认真修改的地方。与写第一遍时频繁地打断思路,琢磨怎么把句子写得无懈可击相比,在第二遍修改句子,换一种写法要容易得多。

许多作者千方百计逃避苦差使,不肯学习复杂的语法规则,因为语法规则的用法反正是不断变化的。如果你碰巧属于这类作者,那么你也许发现,想办法避开问题,可以为你节省不少时间,并减少挫折感。

参考阅读

The Manager's Guide to Business Writing by Suzanne D. Sparks（1998, McGraw-Hill）

The Art of Spelling: The Madness and the Method by Marilyn vos Savant（2001, W.W. Norton）

3. 拘泥于语法规则是否妨碍了信息的传递 ……

克里斯蒂娜·比拉丝卡-杜韦奈
(Christina Bielaszka-DuVernay)

3. 拘泥于语法规则是否妨碍了信息的传递

克里斯蒂娜·比拉丝卡-杜弗奈

你把介词写在一个句子的末尾,天塌下来了吗?你把不定式拆开,地球引力突然消失了吗?没有,当然不会。

实际上,成熟老到的读者看到这样的句子,连眼睛都不会眨一下。不是因为他们习惯了图省事,习惯了电子邮件的即兴编造,所以他们看到有人违反语法规则,却视而不见。他们还会注意到,这没关系。只是因为他们知道,有些"语法规则"根本不是规则,从来就不是。

在语法界,这些不属于规则的规则被叫做"迷信"。它们也许会意想不到地对你产生妨碍,使你不能把文章写得有力、直白和效果显著。下面是四种常见的误区。

介词不可以放在句子末尾

这是最顽固的一条规则,虽然几个世纪以来,语法评论界一直努力消除它,它却岿然不动。

布赖恩·A. 加纳(Bryan A. Garner)是受到广泛尊重的语言学权威,也是详尽可靠的《现代美语用法辞典》(A Dictionary of Modern American Usage)的编撰者。他解释说,这个人们臆造出来的怪物起源于语源学和最早的英语语法。

在拉丁语中,介词意思是"站在前面"。拉丁语的介词的确是放在其他词前面的;它的词性不能用来结束一个拉丁句子。

但是,英语不是拉丁语。虽然英语语法基本上来自拉丁语语法,但这两种语言的差别却很大,有些规则不能完全套用。

有人批评二战时期的英国首相温斯顿·丘吉尔把介词放在句子的末尾。据说丘吉尔说了一句俏皮话反驳:"这是那种我不能容忍的彻头彻尾的教条(That is the type of arrant pedantry up with which I shall not put.)。"这个荒谬、夸张而做作的句子说明,为了不把介词放在句子末尾而刻意改写之后,结果只能写出拗口的、虚浮不实的句子,它根本不是传递信息的最佳载体。

不定式不能拆开

事实是，有些不定式只能拆开。想一想下面的句子："我们的 CEO 期待今年的收入不仅翻两番（Our CEO expects to more than double revenues this year）。"

想办法重写这个句子，避免把不等式拆开。结果是，在准确地表达原意的情况下，这个句子根本没有办法重写。

下面再举一个例子："我们想立即着手解决所出现的每个消费者服务问题（We are trying to immediately solve any customer-service problems that arises）。"

把 to 和 immediately 这个词的位置调换一下，意思就会搞混：immediately 限定的似乎是"are trying"。而如果把 immediately 放在 solve 后面，这个句子就会显得做作。把 immediately 放在句子结尾也不妥，因为它修饰的词好像成了"arise"。

加纳建议，拆分不定式，最稳妥的办法是走中间道路。如果在避免拆开不定式的情况下，句子的意思不改变，不会产生歧义，也不影响句子的流畅，那么不要把它拆开。

不要把 and 或者 but 放在句子开头

放心大胆地这么写吧,跟你志同道合的大有人在。《牛津英语词典》(*Oxfort English Dictionary*)中收录用 and 开头的句子,可以追溯到公元 10 世纪。

加纳说,20 世纪 60 年代有位学者,他研究过最杰出的作家的作品,其中包括 H. L. 门肯(H. L. Mencken)和莱昂内尔·特里林(Lionel Trilling)的作品,发现他们 9% 的句子用 and 或者 or 开头。加纳本人的研究也得到了类似的结果。

有的作者用 however 代替 but,放在句子开头,以为这样做就遵守了语法规则。这种做法其实是妨碍了文章的流畅。But 放在句子开头,可以保持内容的步步演进;而 however 的后面必须加逗号,这就干扰了语速的流动,让读者如鲠在喉,只好放慢阅读速度。

一个句子不能成为一个段落

段落长短不等就像句子长短不等一样,是文体家技艺精湛的标志。一个段落只写一句话,是抓住读者注意力、强调要点的极好办法。

只是不要弄巧成拙。

作者简介 ·······

作者简介

约翰·克莱顿（John Clayton）是在蒙大拿工作和生活的作家。他的客户包括科尔尼公司（A. T. Kearney）和《国家地理杂志》（*National Geographic*）等众多企业。

尼克·雷登（Nick Wreden）是在亚特兰大工作和生活的顾问。

贝弗利·巴拉罗（Beverly Ballaro）在耶鲁、康奈尔和韦洛克学院教授语言、文学和写作课程。

克里斯蒂娜·比拉丝卡－杜弗奈（Christina Bielaszka-DuVernay）是《哈佛管理前沿》（*Harvard Management Updates*）的撰稿人。

贾尼斯·奥布楚斯基（Janice Obuchowski）是《哈佛管理前沿》的撰稿人。

尼克·摩根（Nick Morgan）是《哈佛管理前沿》的

撰稿人。

霍利·威克斯（Holley Weeks）是在剑桥工作和生活的沟通顾问。

理查德·比尔克（Richard Bierck）是在新泽西州普雷斯顿工作和生活的商业作家。他的作品见诸于《美国新闻和世界报道》（*U. S. Nes & World Report*）、《布卢姆勃格个人金融》（*Bloomsberg Personal Finance*）和《旅行》（*Parade*）等刊物。

斯蒂弗·罗宾斯（Stever Robbins）是行政培训公司 VentureCoach 公司的总裁。

苏珊·G. 帕克（Susan G. Parker）是自由职业记者，她在马萨诸塞州坎布里奇市生活和工作。

西奥多·金尼（Theodore Kinni）以本名和为别人代笔写过 7 本著作。

克里斯腾·B. 多纳休（Kristen B. Donahue）是《哈佛管理前沿》的撰稿人。